# しあわせに生きる

一般社団法人　日本躾（しつけ）の会 編

# しあわせに生きる

もくじ



## 一　家庭

## 二　学校

## 三　社会

## 四　自然

装幀／富山房企畫　滝口裕子

# この本を読む子供とおとなのみなさんへ

みなさんの生きているいまは二十一世紀に入ったところですが、その前の百年間の二十世紀は、科学や技術がはなばなしく発展した時代でした。たくさんのものがつぎからつぎへと生みだされ、つくりだされ、たいへん便利な世のなかになりました。

たしかに、二十世紀は機械が人の生きかたを大きく変えた百年でした。世界では二度の大きな戦争があり、たくさんの人が亡くなり、工業の発達した社会が自然を破壊し、大きな影響を残しました。物質文明のおかげで社会は豊かになり、経済は拡大し、人びとの寿命はのびましたが、いっぽうで、心の病におかされる人もふえました。

わが国は第二次世界大戦をおこした国のひとつとして、世界から反省を求められつづけています。ですから、とうぜんのことながら、責任を感じて変えなければならないこともたくさんあります。しかし、それが行きすぎて臆病になってしまった分野もあります。そのひとつが、心の部分です。

第二次世界大戦崩壊後、日本では、家族のありかたがすっかり変わりました。世界からの影響をたくさん取り入れ、勉強することも多々ありました。三世代同居であたりまえにくらしてきた家族のありかたが、個人中心、核家族でくらす生活がふつうになり、そのうえそれぞれの個室になってしまい、それまでの長い日本の伝統が失われてしまったのです。

わたしたちの住んでいる日本という国は、海外の国とはちがい、二〇〇〇年の文化の歴史をつなげてきました。二〇〇〇年という長い良き伝統は、親から子、子から孫へと積み重なって蓄積し、知らず知らずのあいだに身についてきました。すべての日本人が心にもつ、美しい生きかたのために身につけるべき基本の「躾」を、つなげてきたのです。

しかし、現在、小さな単位の家族すらも個々の変化のために、よい伝統を守り、つなげていくことがむずかしくなってしまいました。そして、心を考えずに、お金やもの、べんりさ、早さが優先の社会ができあがり、経済は大きくのびましたが、生活は貧しく、日本人ほんらいの心がさびしい社会になってしまいました。

いまふりかえってみて、そうなったのはだれの責任なのでしょうか。少なくとも、きみたち「子」の責任ではありません。

おや？　親？　おや？

そうです、わたしたち「親」に責任があります。わたしたち「親」は、そのことをよく考え、反省したうえで、これからの社会を背負っていくきみたちにおおいに期待しております。

ぜひ流れを変えて、日本人として人間らしい豊かな心をもって、世界のためにつくしていただきたいものです。

一四〇〇年前、聖徳太子の制定された憲法十七条のはじめに、「和を以って貴しと為す」のことばがあります。このことばこそ、躾の源流といえるのではないでしょうか。

太子のお心は、家のためには個を、国のためには家を、世界のためには国をもすてなければならないほどの大和の原理「大和心」です。

これからの日本は、ものと心と両面にわたって、豊かな国になってほしいと願っています。

日本全体が日本人として、もう一度初心にかえって人間教育をやり直すときではないでしょうか。
どうか、親と子で、おとしよりと子供たちで、この本をいっしょに読んでお話し合いをしていただきたいと思います。

二〇一六年一〇月

一般社団法人　日本躾の会

# 一　家庭

## 「しつけ」ということばを知っていますか？

みなさんは「しつけ」ということばを聞いたことがあると思います。
では、どんな漢字を書くのか、わかりますか？

「身を美しく」と書いて、「躾（しつけ）」と読みます。
ほとんどの漢字ははるかむかし、中国から伝えられたものでしたが、「躾（しつけ）」はちがいます。これは日本で生まれた漢字で、それを「国字（こくじ）」といいます。

「躾（しつけ）」という字をよく見てみましょう。
「身」が「美しい」と書いてあります。「身」はからだのことですから、心身ともにからだを美しくするのが「しつけ」であるということになります。

でもそれは、きれいな服を着たり、スポーツジムでからだをスマートにきたえたりすることではありません。くりかえし、くりかえし練習することで、だれが見ても美しい身のこなしや立ち居ふるまいを自然体で身につけることです。さらに、その練習をつうじて、外からは見えない心を自然と美しくみがきあげることです。

みなさんは運動会などの行進で、先生から足なみや手の振りかたをそろえるように教わりましたね。みごとにみんなの動きがそろった行進を見て、美しいと思いませんでしたか？

行進はみんなの心をそろえていっしょに行動するための、団体としての「しつけ」です。

でもその前に、ひとりの人間としての「しつけ」がたいせつです。人に会ったら目と目を見てあいさつをするのです。ていねいにあいさつをするときや、お礼をいうときにはきちんとおじぎをする。おじぎは相手の人の目を見てから頭を下げ、頭を上げたらもう一度目を見ます。ごはんを食べるときはお箸（はし）を正しく使い、音を立てないで食べる。食事中はひじをつかない。そういう「しつけ」をみなさんは小さいころから両親やおとなから受けてきたと思います。

「しつけ」ができている人は、ふるまいが美しく、まわりの人を気持ちよくさせます。「しつけ」ができていないと、わがままで他人よりも自分がだいじな人になりがちです。なにより、心の美しいお友だちができません。

いまの日本では、おとなになっても「しつけ」のできていない人がだんだんにふえてしまいました。そうなると、世のなかがどんどん悪くなってしまいます。この本はそれをストップさせるためにつくりました。しつけ、身を美しくするとはどういうことなのかを、毎日の生活のなかで考えてみましょう。ぜひ最後までしっかりと、何度でも読んでみてください。

## 玄関(げんかん)のくつはそろえましょう

人の家に上がるとき、みなさんは自分のぬいだくつをちゃんとそろえていますか？

自分のぬいだくつをそろえてから家に上がるというのは、日本人のしつけの基本です。それができていることで、

「自分のことを自分できちんとできる」

「あとしまつのだいじさをわかっている」

「そろえることの意味を知っている」

といったことにつながっていくのです。

でもそれだけではたりません。

自分がぬいだくつをそろえるとき、ほかの人のくつがぬぎっぱなしだったら、だまってそれもそろえましょう。

「あーあ、ぬぎっぱなしだよ。だめだなあ」なんていってはいけません。だまってそろえればいいのです。一秒あればできるでしょう。

みなさんのおうちの玄関は、どんなようすですか？

家族みんなのくつが、乱雑になっていたりしませんか？

もしそうなっていたら、今日からあなたが当番です。玄関のくつをそろえる係として、みんなのくつをそろえましょう。

「学校で、くつをそろえるようにいわれたから、ぼくが（わたしが）家の係をやる」

とお父さん、お母さんにいいましょう。すると、そのうちにみんなも自分でそろえるようになります。

玄関は家の顔にあたります。そこがきれいとわかると、ほかのへややおふろば、台所もきちんとそうじがゆきとどいていることがわかります。

玄関のくつがそろっていると、家にやってきた人がいい気持ちになります。

「ああ、この家はちゃんとしているのだな」と、わかります。

それだけでなく、家族みんなの心が少しですがきれいになります。乱れていないもの、そろっているものを見ると、心がしげきを受けてきれいになるからです。

もしも、けんかが多い家だったら、少しけんかがへるかもしれません。

いつもぬいだくつをそろえていると、そのうちにそれが習慣になります。

よその家やお店に行ったとき、自然にくつをそろえて上がる人になっていきます。

すると、相手の人があなたのことをきちんとしている人だとみとめます。そういうふうに、きちんとしている人の姿に気づくことができる目をもつことも、とてもだいじなことです。

きれいになっているのにわからない、そうじをしたのに気がつかない、そういうことではこまってしまいますね。ものごとをきちんとする、それにちゃんと気がつく。そういう人をふやすことが、世のなかを良くする方法のひとつです。

## 早起きは三文の得

むかしの人たちは「早起きは三文の得」といって、朝早く起きることをすすめました。いまはむかしとちがい、夜中にはたらくおとなも多くなりました。それでも早起きを続けている人たちはたくさんいます。

なぜ早起きがいいのでしょうか。その理由はいくつもあります。

ひとつめは、「人間は太陽とともに活動するのがいちばんからだにいい」からです。人間は何万年ものあいだ、ずっと太陽とともに行動してきました。朝、お日さまがのぼると起きだして狩(か)りにでかけたり、畑仕事をしたり、船で漁にでたりしました。そして夕方には家に帰り、からだを休める準備(じゅんび)をしました。

人間がランプや電球などの明かりを発明して、夜でも昼のように生活できるようになったのは、ごく最近、ほんの数百年前のことです。だから人間のからだには、太陽とともに生きるためのしくみがしっかりとそなわっています。夜おそくまで起きていて、昼までねているという生活は、そのしくみに反した生きかたです。それが原因(げんいん)で、からだや心の調子が悪くなる人たちがたくさんいます。

ふたつめは、自分のわがままな心をおさえる練習になるからです。朝起きるとき、「うーん、ねむいなあ。もっとねていたい」と思わない人はあまりいないでしょう。だれでも、楽なこと、気持ちのよいことが大好きです。でも、その欲望(よくぼう)のとおりにしているといると、心もからだもしまりがなくなって、だらしない人になってしまいます。
「毎日早起きをする」と決めた人は、毎朝、自分の欲望と戦わなければなりません。そしてその戦いに勝つことで、心もからだもひきしまっていくのです。

みっつめは、早起きして勉強や仕事をすることが、能率がいいからです。よく「夕べは徹夜で勉強しちゃったよ」といっているお兄さん、お姉さんたちがいますが、ねないで勉強することがからだにいいはずがありません。

それよりも、早起きして時間を決めて勉強するほうが、よほど頭に入ります。よく見ていれば、徹夜するような人はそのぶん昼にたくさんねていたりするものです。

ところで、むかしの人のいう「三文」とは、どのくらいのお金でしょうか。だいたい、いまの百円くらいだといわれています。「えー、たったそれだけ?」と思うかもしれませんが、毎日百円ずつ得をすれば、一年では三万六千五百円、十年では三十六万円以上になります。

逆(ぎゃく)にいえば、早起きをするだけで、毎日少しずつ得(とく)をするわけですから、反対に「朝ねぼうは損(そん)」といってもいいかもしれませんね。

## お箸(はし)をきちんとつかえる人になりましょう

みなさんは食事のとき、お箸(はし)をきちんとつかえますか?

「うーん、どうだろう?」と思った人は、おとなの人に聞いてみてください。でも、最近はおとなでもお箸(はし)がちゃんとつかえない人がふえていますから、聞く相手を選ぶ必要があるかもしれません。

日本人を「お箸(はし)の国の人」とよぶいいかたがあります。もちろん、中国や韓国(かんこく)など、日本以外にもお箸をつかう国がありますが日本人ほどお箸のつかいかたが細かくて、お箸の種類がたくさんある国はないからです。日本には「お箸の文化」があるのです。

「お箸はつかうのがめんどうだよ。フォークとスプーンでいいじゃないか」と思う人もいるかもしれませんが、お箸ほど日本の食事に合っていて、日本人の特ちょうにぴったりな道具はありません。

たとえば、日本人は手先が器用だといわれます。ふくざつな折り紙が折れたり、小さな機械を組み立てたりするのが得意です。いまから五十年くらい前には、日本は世界中にテレビや自動車を売って国を豊かにしましたが、それには日本人の手先の器用さがおおいに役立ったといわれます。

その日本人の器用さは、小さいころからお箸をつかうことで訓練されたのではないかと考えられています。お米のひとつぶ、ひとつぶをお箸でつまみ、ご飯ぢゃわんをきれいにするように教わったことで、子供のときから細かい作業ができるようになったのです。

そして、お箸をつかう食事は、姿がきれいだということがあります。せまいところにならんで食事をするときでも、となりの人と、うでがぶつからずに食べられます。これがナイフとフォークだったら、そうはいきません。お箸をじょうずにつかう食事の姿は、いけばなや茶道といった日本の文化につながっています。

もうひとつ、お箸がじょうずにつかえると、まわりの人から「あの子はちゃんとしつけられている」とみとめてもらえます。「お父さんお母さんがきちんとしている家庭で育っているのだろうね」「学校でも、まじめに勉強しているにちがいない」とみとめてもらえます。

うそで自分をかざるのはよくありませんが、ほんとうのことが伝わるのは悪いことではありません。お箸(はし)をきちんとつかって、ちゃんとした日本の子供であることをまわりの人に伝えましょう。

## 「いただきます」といっていますか？

ごはんを食べるときに「いただきます」という。これは日本人ならあたりまえのことですね。でも、どんなときでも「いただきます」といっている人が、だんだん少なくなっています。たとえば、みなさんの家ではどうでしょう？

日本人にとってあたりまえの「いただきます」ですが、このことばの意味を外国の人に説明しようとすると、かんたんではありません。「いただく」というのは「もらう」ということばのていねいないいかたですが、では、食事のときにわたしたちはなにをもらうのでしょうか。

　答えは、自然のめぐみと、多くの人による努力の成果を「ありがたく、いただきます」というすなおな気持ちが「いただきます」ということばにこめられているのです。肉や魚、お米や麦、そしてさまざまな野菜は、すべて自然のめぐみです。

　たとえば「米」という字をばらばらにすると、「八十八」に見えます。むかしの人たちは、「お米をつくるのに八十八回の手間がかかるからだ」と子供たちにいいました。そうやって、お米のひとつぶといえどもそまつにしないように親が子供におしえたのです。

　食材をつくり、運び、加工し、料理してくれた人がいたからこそ、わたしたちは特別な苦労をすることなく食事をすることができます。その人たちに対する感謝（かんしゃ）の気持ちを、わすれることはできません。
身近な両親に対しても、目に見えない人たちに対しても「ありがとうございます」と感謝(かんしゃ)する行動。それが食事の前の「いただきます」です。

さらに、わすれてはいけないのは、すべての食べものは「いのち」であるということです。肉や魚はもちろんのこと、植物だって生きものです。わたしたちが生きていくためには、必ず別の生きもののいのちをもらって、食べなければなりません。
自分が生きるために、別のいのちをもらわなくてはならない。そのことに対して、「もうしわけありません、ありがとう」という気持ちをこめて、「いただきます」ということばを口にするのです。

レストランや食堂で、「いただきます」といわないおとながいます。「お金をはらっているのだから、感謝(かんしゃ)の気持ちをあらわすことはない」という理由だそうです。でもその考えかたはどうでしょう。

みなさんはもう、おわかりですね。いのちをいただくこと、食べものを用意してくれた人への感謝(かんしゃ)は、お金をはらったから「もういい」というものではありません。

じっさいに、戦争や大きな災害(さいがい)があると、お金がいくらあっても食べものが手に入らないことがあります。お金がいちばんという考えかたをしていると、こまったときにだれも助けてくれないかもしれません。

## 食事のあとは「ごちそうさま」

食事が終わると「ごちそうさま」といいますが、このあいさつも、ただ声に出していえばよいというものではありません。

「ごちそうさま」は、「ちそう（馳走）」という、走りまわってなにかをすることをあらわすことばに、ていねい語の「ご」と「さま」がついたものです。

むかしはいまとちがって、食べものをお店でかんたんに買うことができませんでしたから、お客さまが来たりすると、おいしいものを食べさせるために、それこそ走りまわって材料を集めました。馬を走らせて遠くに行ったり、船で海に出たり、山のなかに入ったりしたことでしょう。

「ごちそうさまでした」ということばは、その行動と、心くばりに対する感謝のあらわれです。よく気をつけて見ていると、「ごちそうさまでした」というときに、手を合わせている人がいますが、感謝の気持ちをあらわす自然なしぐさでしょう。

ところで、「ごちそうさま」というときには、守らなければならない礼儀があります。それは、のこさずきれいに食べるということです。

いまではあまり注意する人がいなくなりましたが、むかしは子供が食事をのこすとおとなからしかられたものです。たとえば、おべんとうばこのふたなどにごはんつぶがついていると、ちゃんとしつけのできている人は、それをきれいにお箸（はし）でとって食べます。

食べものをそまつにしない、食べものをつくってくれた人の気持ちを大切にする、そうした心がけが、のこさず食べるという礼儀（れいぎ）になったのです。

いま、世界では食べものが足りなくなっています。日本では食べのこしや賞味期限（しょうみきげん）切（ぎ）れなどで、食べものの半分がすてられていますが、世界のどこかでは、食べものがなくて死んでしまう人がおおぜいいるのです。

自分の国はお金があるから、豊（ゆた）かだからといって、食べものをそまつにしていいということはありません。世界の国ぐにでも反省が始まっていて、たとえばヨーロッパのドイツでは、レストランで食事をのこすと、一ユーロの罰金（ばっきん）をとるようになりました。そのうち、日本でもそうなるかもしれません。

食べものをのこすのは、いけないことなのです。わかりましたね。

## 自分でできることは自分でやる

「自分でできることは、自分でやりましょう」

ということばを、よく聞きますね。小さいころはなんでもお父さん、お母さんや、まわりの人にやってもらっていたのに、大きくなるにつれて自分でやらなくてはならなくなります。

「やってもらえたら、楽なのに」

「どうして自分でやらなくてはならないの?」

そんなふうに思ったことはありませんか?

でも、自分でできることを自分でやるというのは、子供として生きていくための最低限（さいていげん）のルールなのです。少なくとも、子供がお金をかせいだり、食べものをつくったりすることはしなくてすみます。そういうだいじなことはおとながやってくれるのですから、せめて子供は、できるだけのことをしなくてはなりません。

おとなになると、人間は自分勝手に生きていくことができません。生活のために、はたらいたり、自分ではなくてだれかのためにはたらいたりしなくてはならなくなります。人は年をとればとるほど、自分のいのちを人のために使うようになる生きものです。

もうひとつ、自分でできることをやらなければならない理由があります。それは、自分の「できること」をふやす訓練だということです。みなさんは、もう洋服をたたんだり、ちらかった部屋をかたづけたり、かんたんなそうじをしたりすることができますね。

すると、もう一歩すすんで、たたんだ洋服をたんすにしまったり、家のほかの部屋もかたづけたり、ちょっとたいへんなそうじをお手伝いしたりすることもできるのではありませんか？

そうじのぞうきんがけや窓ふきは、体育の時間だと思っていっしょうけんめいにからだを動かしましょう。そうすると、ごはんがおいしく食べられて元気になります。

新しいことができるようになると、人間の脳はよろこびを感じるようにできています。そして、もっともっと新しいことをやりたくなります。できることが多い人は、できることが少ない人より、頭のはたらきがよくなっています。そしてその気持ちは、生活のいろいろなことだけでなく、勉強や運動にも向けることができます。

みなさんのまわりには、あまり勉強しているようすではないのに、勉強のよくできる人がいますね。体育でも、なにをやってもうまくできる人がいるはずです。その人たちは、生まれつきなにかがちがっていたのではなく、できることをふやす楽しさを知っているのです。

「めんどうくさいなあ。だれかやってくれないかなあ」となまけ心がでてきたら、そのことをちょっと思い出してみてください。

## 整理、整とんのたいせつさ

「あとかたづけをしなさい！」と、家の人や先生によくいわれますね。

みなさんは、そのたびに「わかったよ。あとでやるよ」と思ったりしませんか？

でも、あとかたづけをいちばんかんたんに、楽しくやるコツは、「いますぐやる」ということです。あとにのばせばのばすほど、あとかたづけはつらく、苦しく、いやなものになっていきます。

ところで、なぜあとかたづけをしなければならないのでしょうか。

それは、あとかたづけをしないと、部屋や道具が使いにくくなってしまうからです。

たとえば、むかしの日本の家は、たたみの部屋で生活をしていました。ベッドもテーブルもいすもなく、家具はたんすくらいしかありませんでした。

朝起きると、ふとんをたたみ、おしいれにしまいます。そしてちゃぶ台という足が折りたためる低いテーブルを出し、その上に食器をならべて朝ごはんを食べました。ごはんが終わると、食器をかたづけ、ちゃぶ台をしまいました。子供たちが学校から帰ってきて宿題をするときは、またちゃぶ台を出します。こうして、ひとつの部屋が食堂になったり、リビングになったり、遊び場になったり、勉強部屋になったり、寝室（しんしつ）になったりしました。

むかしの日本人は、このようにしてせまい家を広くじょうずに使っていたのです。そのためには、毎日のあとかたづけはとてもだいじでした。

いまは食堂があったり、リビングがあったり、寝室(しんしつ)があったり、子供部屋があったり、個室になっていますから、あとかたづけをしなくても、おもちゃを出したままでごはんが食べられたり、ねたりすることができます。でも、ものを出しっぱなしだと、だれかがつまずいてころんだり、ものをこわしたりしてしまうかもしれません。日本は地震国(じしんこく)ですから、とくに心配です。

あとかたづけをすると、脳(のう)のはたらきがよくなるといわれています。もののあつかいがじょうずになり、ものをこわすことが少なくなります。どこに何があるかがよくわかるようになるので、台風(たいふう)や地震、停電になったりしたときは、何かをさがすのにもこまりません。

そしてなによりだいじなことは、あとかたづけのできる人ほど、勉強や仕事がよくできるということです。だから、あとかたづけのじょうずな人は、おとなになってだいじな仕事をまかされたり、責任のある役目をたのまれたりします。

仕事のできる人かどうかを見きわめるために、わざとあとかたづけをやらせる人や会社もあるそうです。仕事や料理では、おとなのことばで「段取りがよい」とよくいいます。はじまりがあって終わること、先が見える人のことをそうよぶのです。

だれかに「あとかたづけをしなさい」といわれる前に、自分からあとかたづけができるようになりたいものですね。あなたならできます。

## ご両親、祖父母、おとしより、ご先祖をだいじにする人になりましょう

みなさんは「お墓まいり」に行ったことがありますか？

春と秋のお彼岸やそれぞれの命日などに、むかしは親が子供を連れて必ずお墓まいりに行ったものです。小さいころからそれが習慣になっていると、おとなになってか

ら親やご先祖をだいじにする人になるといいます。逆に、その習慣がないまま大きくなった人は、お墓まいりに行かず、親のこともだいじにしなくなるそうです。

　でも、なぜお墓まいりがだいじなのでしょうか。
　それは、「元をたいせつにする」という考えかたをもつことで、いろいろなことに自然に「ありがとうございます」といえる人になるためです。
　どんな生きものにも必ず親がいます。親から子が生まれ、孫へとつづいていきます。それはひとつの例外もありません。もちろん、人間も同じです。たとえ、いまそこにいなくても、みなさんにはお父さん、お母さんがあり、おじいさん、おばあさんが四人いるはずです。

　そのおじいさん、おばあさんたちには八人のひいおじいさん、ひいおばあさんがいて、その上にはさらに十六人のひいひいおじいさん、ひいひいおばあさんがいます。

こうしてずっとさかのぼっていくと、十代前のご先祖(せんぞ)は千人をこえます。二十代さかのぼると百万人、三十代では十億人になります。

どうですか。すごい数だと思いませんか？

その人たちの、たったひとりが欠けただけでも、みなさんはこの世に生まれることはできませんでした。三十代前のご先祖(せんぞ)のひとりがもしも早死していたら、二十九代前のご先祖は生まれず、二十八代前も、二十七代前も、というぐあいにご先祖(せんぞ)の流れがとだえてしまいます。

たくさんのご先祖(せんぞ)さまのなかには、戦争の時代や、天候(てんこう)が不順で農作物がみのらなかったときなど、食べるものがなく、住むところもなかった人がいるはずです。その人たちが必死に生きてきたから、いまのみなさんがここにいます。

運動会でリレーという種目がありますが、わたしたちはリレーのようにいのちのバトンをつないできていると考えることができます。だからこそ、バトンをつないできてくれた人たちに、心から「ありがとう」という必要があるのです。

## 「あたりまえ」と思ってはいけません

いろいろなことに、すぐ文句をいう人がいます。電車が数分おくれただけで駅員さんをどなりつけ、レストランで料理が出てくるのがおそいと、店員さんをどなりつけます。子供たちが遊んでいると、声がうるさいといい、おとしよりがゆっくり道をわたっていると、早くしろとクラクションをならします。

そういう人に共通しているのは、なにごとも「あたりまえ」と思う気持ちです。電車は時間どおりに動いてあたりまえ、レストランでは料理がすぐに出てきてあたりまえ、スーパーではいつもの商品がいつものねだんで売られていてあたりまえ、自分の家のまわりが静かなのがあたりまえ、歩行者は道路をすばやくわたるのがあたりまえ、というわけです。

でも、その考えかたは正しいでしょうか。

じつは、この世のなかには「あたりまえ」というものはなにひとつありません。みなさんは先生や家の人から「絶対」ということばを使わないように、といわれたことはありませんか？　この世に「絶対」ということがほとんどないように、「あたりまえ」ということもほとんどないのです。

いまここで「ほとんど」と書いたのにはわけがあります。それはたったひとつだけ、必ずおこることがあるからです。それは、「人は生まれたら必ず死ぬ」ということです。そのことだけは絶対におこり、あたりまえのできごとです。ですが、それ以外は絶対も、あたりまえもありません。

電車が一分のくるいもなく走るのは、わたしたちが考えるよりもずっとたいへんなことです。運転士さん、車掌さんはもちろんのこと、駅員さん、保線の人、車庫の人、運転指令所の人など、鉄道会社の人たちが決められた仕事をきちんとやっているからこそ、実現していることです。

それでも、電車に故障がおきたり、踏切で事故があったり、車内で急病の人が出たりすると、電車はおくれます。そうすると、鉄道会社の人たちは必死になって正しい状態にもどそうとがんばります。

そこで、「なんだ、おくれてけしからん！」とどなられたら、どんな気持ちになるでしょうか。くやしい気持ちになったり、がっかりしたりしてしまうのではないでしょうか。

世のなかには「あたりまえ」はないのです。自分には見えないところでがんばっている人たちのことを考える習慣を身につけたいものですね。

もしもお父さん、お母さんと外国に行くことがあったら、ぜひ必死で生きているたいへんな国を見てきてください。日本がどんなによい国かがわかると思います。そういう場面に会うと、きっとみなさんはやさしい人になるでしょう。

## 「よくばり」は不幸の始まりです

テレビのワイドショーなどで、ときどき「ゴミやしき」というニュースがとりあげられているのを見たことはありませんか？

ひとりで住んでいたおとしよりが病気になり、役所の人がお手伝いに家に入ったところ、ものやゴミが山のようになっていて、足のふみ場がないというような話です。食べものがなかでくさっていて、すごいにおいを発していることも多いそうです。

なぜそんなことになってしまうのでしょうか。ひとつには、おとしよりになると、からだのはたらきが悪くなり、ものをかたづける気力がわいてこないということがあるようです。でも、ひとりで住んでいるおとしよりの家がみなゴミやしきではありません。

おそらく、そのおとしよりは若いころからかたづけが苦手だったのでしょう。どんどんものをためこんでしまい、そのうちに自分でどうすることもできなくなったのではないでしょうか。

脳の研究をしている人は、「その人の部屋を見れば、その人の脳の状態がわかる」といいます。家がかたづいていない人は、頭のなかもかたづいていないというわけです。身のまわりが整理、整とんできない人が、よい仕事をできるはずがないというやいかたもあります。

ものをためこんでしまう原因のひとつは、「よくばり」です。あれがほしい、これもほしいと身のまわりにものを集め、ほんとうはいらなくなったのに、「もったいない」「まだ使える」と手ばなさない。役に立つ人にあげることもしないので、ものが山になるのです。

でも、ものにかこまれて生きるのは、人間の本来の生きかたではありません。人間ははだかで生まれ、何ももたずに死にます。その人がどんな人だったか、どんな生きかたをしたのかという思い出だけが残るのです。

「よくばり」は心を暗く、せまくします。そして、もっているものを取られまいと思うので、人をうたがうようになります。悪いことに、「よくばり」の心には限りがありません。もっともっとほしいと思うようになり、それが生きることの目的になったりします。

「よくばり」の対象は、ものだけではありません。お金もまた同じです。そうなってしまうと、お金があっても幸せではない人生になってしまいます。

## いのちをたいせつにしましょう

日本は、おとなりの韓国（かんこく）とならんで「自殺大国」とよばれています。人口あたりの自殺率の世界ランキングを見てみると、先進国では韓国が一位、日本が二位です。

日本では、二〇〇七年に三万四千人もの人が自殺で亡くなりました。その数字は少しずつへっていて、二〇一五年には二万四千人になりましたが、それでも二十代から三十代の人の死亡する原因のトップをしめています。


なぜ日本人がそんなに自殺をするのかについては、いろいろな考えかたがあります。キリスト教やイスラム教とちがって、仏教や神道といった日本の宗教は自殺を禁止していないこと。また武士の時代に「切腹」という自殺で名誉を守る方法があったことなどが理由としてあげられています。武士が切腹すると、女の人は「自害」という自殺であとを追いました。

日本の女性は自分の子供も道づれにして、入水自殺や電車に飛びこむことなどをすることがありますが、この行動は外国からふしぎがられています。

自殺はいのちの正しい使いかたではありません。正しく生きるとは、あたえられたいのちをだいじにして、からだをたいせつに使いながら、自分のやりたいことや人のためになることをいっしょうけんめいにやっていくことです。

「もうだめだ」と思っていのちを勝手に終わられてしまうのは、まだ生きたいのに病気などで生きられない人たちから見れば、自分勝手な、わがままな行動でしょう。

自殺は極端な例だとしても、いまの世のなかには自分のからだをたいせつにしていない人がたくさんいます。若くて元気だからと夜おそくまで遊び歩き、お酒をたくさん飲んで毎日をすごす人。スリルがあって楽しいからと、自動車やオートバイを危険なスピードで走らせる人。からだのぐあいが悪いのに、だいじょうぶだろうと病院に行かない人。

もうひとつ、さいきんふえているのが、自転車のマナー違反による事故です。自分さえよければいいと、ほかの人に対する思いやりが欠けているために、せまい道をスピードを出して走ったり、交差点でとびだしたりして、相手にけがをさせています。これも、いのちをそまつにする行動といえるでしょう。かさをさしながら、携帯電話をつかいながらの自転車の運転も、とてもきけんです。

自転車の正しいマナーについては、警察の人におねがいして学校の校庭などでたびたび講習会をひらいてもらうのがいいかもしれません。

いのちをそまつにする人は、自分をだいじにしない人です。自分をだいじにしない人は、他人をだいじにすることもできません。つまり、せっかく人間として生まれたのに、その人生をいいかげんな気持ちで、てきとうに生きていることになります。この世のなかで、これほどもったいないことはありません。

みなさんは、そういう人にはならないでください。

夜は早くねて、きちんとすいみんをとり、朝は早起きして朝ご飯を食べ、そして元気よく運動をして、からだをきたえます。食事のすききらいをせず、おやつはほどほどにし、あぶないことはせずに、自分と他人の安全を考えましょう。

そうやって生きていけば、必ずすばらしいことが待っています。

## おとしよりの話をよく聞きましょう

むかしの日本の家は、大家族といって、一軒（いっけん）の家におおぜいの家族が住んでいました。ひいおじいさん、ひいおばあさん、おじいさん、おばあさん、お父さん、お母さん、おじさん、おばさん、きょうだい、いとこ。あるいは、ひいおじいさんとひいおばあさんはいなくて、おいやめいがいることもありました。

そうやってたくさんの家族、さまざまな年齢の血のつながった家では、それぞれの人にふさわしい役割がありました。たいていは農家ですから、力のある人たちが田畑に出て、農作業をします。田植えや稲刈りのときには、一家全員で協力して作業をします。

そのあいだ、小さな子供のめんどうを見るのは、おとしよりの仕事でした。

日本がいまのように核家族という小さな家庭をつくるようになったのは、ここ五十年くらいのことです。お父さん、お母さんと子供たち、あるいは親ひとりと子供。そういう小さな単位の家族がふえたために、おとしよりが活躍する場面が少なくなってしまいました。会社や工場ではたらく仕事が多くなったために、おとしよりはお金をかせぐことがむずかしくなりました。

そのために、日本の世のなか全体で、おとしよりをじゃまものあつかいするムードがあります。

でも、おとしよりには長いあいだ生きてきた経験（けいけん）があります。長い人生で得た考えがあります。たくさんの失敗や成功をからだでおぼえています。その知識（ちしき）をおしえ、役立てることができないのは、とてももったいないことです。そう思いませんか？

いま、いきなり日本の社会を大家族にもどすことはむずかしいでしょう。将来（しょうらい）はそうすることができるかもしれませんが、十年、二十年でそうかんたんに世のなかを変えることはできません。

そのかわりにいますぐできることがあります。それは、子供たちがおとしよりの話を聞くことです。先生や地域（ちいき）の人たちにお願いして、おとしよりのお話を聞かせてもらう機会をつくってもらいましょう。お話を聞きながらノートにきちんと記録して、あとで作文を書いて発表しましょう。

おとなたちが子供をつれて老人ホームにでかけていき、車いすを押したり、お話を聞いたりする日をつくるといいでしょう。おとしよりは、そうやって子供たちとふれあうと長生きするそうです。おしゃべりをするのは、認知症の予防にもいいといわれています。

さらに将来は、幼稚園や小学校と老人ホームが同じたてものになるかもしれません。おとしよりと子供たちがいつもふれあっていれば、おとしよりは元気になり、子供たちはおもしろい話が聞けます。おとしよりは子供に会うのが大好きですから、きっとよろこんでいろいろな世界のおもしろいお話をしてくれますよ。

# 二　学校

## あいさつは自分から

みなさんは、あいさつがきちんとできますか?

「そんなこと、できますよ」と思いましたね?

では、朝、学校に来るときに、道ですれちがった人たちに「おはようございます」といいましたか?


え?「知っている人にはいいました」ですか? それでは合格点はあげられませんね。通学路の人にもちゃんと自分から「おはようございます」といって、はじめて「あいさつがきちんとできた」ということになるのです。

学校では、あいさつの合図やきっかけがあって、みんなで「おはようございます」とか「いただきます」とかいいますね。だから、みなさんも「自分はあいさつがきちんとできる」と思っているのでしょう。

でも、あいさつの基本は、「自分からすすんであいさつする」ことです。しかもそのとき、目を相手の目に合わせていわなければなりません。にらんでは、だめですよ。相手の人がびっくりしてしまいます。軽く目を合わせて、「おはようございます」や「こんにちは」をいってから、おじぎをします。

「なんで、そんなことしなくちゃならないの？」と思った人もいますね？

ではためしに、おとなの人がはたらいているところを見てみましょう。おとなの人たちは仕事をするとき、はじめての相手に名刺をわたし、おじぎをして「よろしくお願いします」とあいさつをしています。

それは仕事だからではなく、人と人とが会ったときにはあいさつをするものだからです。まして、お金やものをやりとりする相手なら、よりていねいなあいさつが必要になりますね。

あいさつのできない人は、世のなかでだいじにされません。自分のことだけがだいじな人だと思われて、なかなか仲間ができません。なにか失敗をしても、わざとやったのではないかとうたがわれたりします。そういう人にならないように、ご近所の人には子供のときからきちんとあいさつのできる人になりましょう。

## なぜ「そうじ」がだいじなのでしょう

みなさんの学校には「そうじ当番」というきまりがありますね？

みなさんはどんな気持ちでそうじをしていますか？

「いやだなあ。きたないし、つかれるし、いいことないよ」と思っているかもしれませんね。

「こんな仕事は、そうじせんもんの人にやってもらえばいい」と考えている人は、おとなにもいます。

でも、そうじはだいじです。日本の小学校のそうじ当番がすばらしいと、外国のテレビ局がさつえいにきて、ニュース番組にしたことがあります。「えっ？　日本の学校では、自分の家と同じように子供たちが自分でそうじをするのか？」とすごいはんきょうがあったそうです。

その番組では、「日本の学校では、子供たちにそうじをさせることで、おたがいを尊重(そんちょう)し、責任感(せきにんかん)をもたせることができる」と説明していました。トイレにしても、自分たちがよごしたところを自分でそうじする。そのことでなるべくそうじをしなくてすむように、気をつけて生活するくせがつきます。自分がよごしたところをだれかがそうじしていると知ることで、感謝の気持ちももてるようになります。

でも、そうじのいちばん大きな効果は、「心をみがく」ことです。
むかし、心の修行をするために、お寺に行った人がいました。お寺のお坊さんは、その人に朝から夜までそうじをさせました。何日もそうじばかりをさせられて、その人はお坊さんにいいました。「どうしてそうじばかり、させるのですか？」

お坊さんはこういいました。「あなたは心を美しくしたいのでしょう？　でも心はとりだしてみがくことができません。できるのは、心にうつるものをできるだけきれいにすることだけです。だからあなたは、自分の目に見えるものすべてを美しくしなければならないのです」

その人は、そのことばを聞いて、はっとしました。「そうか、これが心の修行だったのか。自分はいままで、そうじをばかにしていた。これからはしっかりと、心をこめてそうじをしよう」

そう思うようになったとたん、その人は人が変わったように、やさしく、ていねいな態度で人に接するようになったということです。

## よく話す人より、よく聞く人になりましょう

「はなす」ということばは、漢字で書くと「話す」ですね。ほかの書きかたを知っていますか？　国語辞典をひいても、一種類しかありません。

では、「きく」はどうでしょう。近くに辞書があったら、調べてみてください。

どうですか?
「聞く」、「聴く」それから「訊く」というのもありましたね。人によっては、この三つの漢字を使い分けていたりします。たとえば、なんとなく耳から入ってくるときは「聞く」、しっかりと心にとどめておくときは「聴く」、こちらから答えを知りたくて問いかけているときは「訊く」というように。

なぜ「はなす」は一種類なのに、「きく」には三種類もあるのでしょう。それは、話すことよりも聞くことのほうがたいせつだからです。「はなす」のは自分ひとりですが、「きく」相手は人間の数だけいます。ことばがわかるなら、七十億人です。日本語だけに限っても、一億二千七百万人です。

そして「話す」とは、自分の意見を発表することですから、考えていることをすべて話してしまえば、もう話すことはありません。しかし、「聞く」のは無限です。たくさんの人がもっているたくさんの知識（ちしき）や考えには限りがありません。聞こうと思えば、いくらでも聞くことができます。学校の図書室にある本よりもずっと多くのことを、わたしたちは聞くことで手に入れられます。

なにより、「聞く」のは相手と仲よくなるためのいちばんよい方法です。人が心を開くのは、うまい話をする相手ではなく、自分の話をよく聞いてくれる相手に対してだからです。みなさんも、そうではありませんか？　おもしろい話をしてくれる人もだいじだけれど、みなさんの話をしっかり聞いてくれる人のほうが好きではありませんか？

おじいさん、おばあさんの話を聞いたことがありますか？　おじいさんもおばあさんも、子供の時代がありました。そのときに聞いたお話は、年をとってもわすれられず、聞いたときの場所や風景までもしっかりと思い出されるのです。

たくさんの話を聞いていると、自分の知識が広く、深くなるだけでなく、心のうつわが大きくなります。いろいろな人の立場やものの考えかたがわかるようになるので、自分とはちがう人のことを思いやったり、想像したりすることができるようになるからです。そうすることで、それまで考えつかなかったことがひらめいたり、うまくいかなかったことができるようになったりします。

みなさんもどうか、うまく話せる人よりも、じょうずに耳をかたむけて聞ける人をめざしてください。「聞く耳をもつ」ということばがありますが、それは、じょうずに聞ける人になることをさしています。

## 悪口をいわない

みなさんは人の悪口をいったことがありますか？

「ない！」という人は、ほとんどいないのではないでしょうか。

だれでも一度や二度は（もっと多いかもしれませんが）、人の悪口をいったことがあるはずです。そんなつもりはなくても、相手につられてとか、ついはずみでとか。

そんなとき、どんな気持ちになったでしょうか。心から楽しかったですか？　うれしくて、ワクワクしたでしょうか。

うわべでは、笑い声をあげたり、声が大きくなったりしたかもしれませんが、心の底のほうでは、暗くて重い気持ちになったはずです。

人は、「ほんとうはまちがっている」と知っていることをやってしまうとき、必ずそういう気持ちになるものです。それをなんどもくりかえしているうちに、なれっこになってしまい、心が曲がってしまいます。人の悪口をいうのも、そういうことのひとつです。

反対に、悪口をいわれるほうの立場で考えてみましょう。
「ちびのくせに、なまいきだね」といわれたとき、どんな気持ちになるでしょうか。背が小さいのは、自分のせいではありません。もちろん、親のせいでもありません。そういう生まれつきのことを悪口のたねにされて、悲しくならない人はいません。悪口をいうのもいじめです。

「運動オンチのくせに、たいどが大きいね」といわれたら、どうでしょう。ふだんから自分でも思っていることをいわれて、心にきずがついてしまうのではないでしょうか。だれよりも運動ができる人になりたいと思っているのに、それをつきはなすような悪口。いじめは、けっしてしてはいけないこと、ある意味では、暴力をふるうよりもざんこくなことです。

ある人に対して、気になることがあってがまんができないときは、面と向かっていうか、先生などにあいだに入ってもらって伝えるようにしましょう。悪口、かげ口などの手段（しゅだん）でうさばらしをするのは、正しい方法ではありません。

そして、ほんとうにそれはがまんできないようなことなのか、もう一度よく考えてみるようにしましょう。そのとき、自分もほかの人に同じようなことをしていないか、ふりかえってみることです。

「人のふり見てわがふり直せ」というむかしから伝わることばがあります。人はだれでも似（に）ているようなことをしているのだから、だれかの行動が気になったときは、自分も同じようなことをしていないか注意して、やっていたら直そう。そういう教えです。

さっそくやってみるといいでしょう。

## 自分の意見は積極的に話しましょう

外国の人から、「日本人は自分の意見をいわないので、なにを考えているかわからない」といわれることがあります。日本人にはおとなしい人が多いことや、英語をはじめとする外国語が得意でなかったりするので、そういうことになるのでしょう。

また、日本の社会は「同質文化」といって、よく似た人たちの集まりであるため、自分からすすんで説明しなくても、たいていのことはわかってくれるということもあります。そのために、ついつい「いわなくても、いいや」とあまえてしまうくせがつくようです。

しかし、外国の社会はそうではありません。地球上のいろいろなところから人が集まっていることが多いので、人種や宗教や習慣がみなちがいます。へたをすると、ことばすらつうじないこともあります。そんなところでは、自分のことをすすんで説明していかないと、だれもわかってくれませんし、わかろうとしてくれません。

これからは日本ももっと国際化がすすむでしょう。みなさんも知っているように、携帯電話やインターネットで世界がとてもせまくなってきました。外国生まれの人が日本ではたらくようになったり、日本人と結婚して日本に住んだりするようになるかもしれません。そうなると、むかしながらの「話さなくてもわかってくれる」という社会は変わっていきます。

そうでなくても、日本を飛び出して世界で活躍するためには、世界の常識を身につける必要がありますから、みなさんにはぜひ、自分の意見を積極的に発言するようになってほしいと思います。

そのときに気をつけたいのは、ただ一方的に自分のことを話すのではなく、どうしたら相手にわかってもらえるか、いま話していることは伝わっているかを考えながら話すことです。相手のことをおかまいなしで話してしまうと、まったくいいたいことが伝わっていないかもしれません。それではおたがいに時間のムダです。

自分の意見をいわないと、相手は勝手にこちらの考えを想像します。「なにも考えていないのかな?」「こちらのことをバカにして、わざとだまっているのかな?」「早く帰りたいと思っているのかな?」

とんでもない誤解(ごかい)をされる前に、自分の意見をはっきりいいましょう。また、日本の四季やおすもう、アニメなどについておしえられるように努力しましょう。

## 勉強は、なんのためにするのでしょう

みなさんは、なんのために毎日学校で勉強しているのでしょうか？
「りっぱなおとなになるため」でしょうか？
「いい学校に入って、いい会社に就職して、いいくらしをするため」でしょうか？
「親や先生が『勉強しなさい』というから」でしょうか？
「新しいことを知るのが楽しいから」でしょうか？

どの答えも、まちがってはいないと思います。
「りっぱなおとな」といういいかたはわかりにくいですが、人から尊敬される、しっかりした人物のことかもしれません。そういう人になるためには、なにも知らないよりは、いろいろなことを知っていたほうがいいでしょう。

「いい学校に入って、いい会社に就職して、いいくらしをする」というのは、みなさんのご両親やおじいさん、おばあさんの時代の考えかたです。いまでもそのなごりがあり、会社の入社試験を受けるときには、だれも知らない学校よりも、だれもが知っている学校の卒業生のほうが有利といわれています。

でも、それはだんだんなくなっていくでしょう。会社のほうが、「どんな学校を出たか」よりも「どんなことができるか」「美しい心をもっているか」をだいじに思うようになっていくからです。また、世界をあいてにするため、入社試験も、大学四年生をまとめて受けさせるのではなく、時期をずらしてやるようになるかもしれません。

わからないことにとりくむときに、「理由を考える前に、とにかくやってみる」というのはよい方法であることが多いものです。やってみて、それから楽しくなってつづけたり、自分なりの理由を見つけたりすればいいのです。

「新しいことを知るのが楽しいから」というのは、おとなでもいえることです。ほんとうは、この理由の人がいちばん楽に勉強をつづけられるのです。人間の脳(のう)は楽しいことをよろこんでやりたがる性質をもっていますから、勉強が楽しい人は、いくらでも勉強をつづけられます。

みなさんも、勉強の楽しさを見つけて、好きになってください。

## 体育は、なんのためにあるのでしょう

運動がにがてな人は、「体育なんて、なければいいのに」と思っています。「べつにスポーツ選手になるわけでもないのに、どうして体育の時間があるのだろう」と。

漢字から思いうかべてください。「体育」とは、からだをはぐくむという意味です。

音楽家も、科学者も、政治家や学者も、からだが第一です。だから、じょうぶなか

らだをつくるために、将来どんな職業につく人でも、みんな体育をやります。

もしも子供のうちから「この子は宇宙飛行士になるのだ」と決めたとして、宇宙飛行士の仕事に役立つ勉強しかしなかったら、どうなるでしょうか。宇宙飛行士は無重力のなかでくらしますので体力は条件のひとつです。

小学校や中学校では、どんなおとなになっても人にめいわくをかけずに、人のために役に立つような勉強を、みんなでします。高校生からは、そろそろすすみたい方向がわかってくるので、それに合わせた勉強をするようになり、大学ではさらに細かく進路が分かれます。これまでの時代は、そうやってみんなに合わせた勉強をやってきました。

ところが、体育はちょっとちがいます。小学校・中学校での体育の授業は、成長期のからだに合わせた運動をするとともに、スポーツでしか体験できないチームプレーを学びます。ひとりがいくらがんばっても、チームがうまくまとまっている相手には勝てないことを知り、組織活動のだいじさを学びます。そういった役割が体育にはあるのです。

先ごろ、組体操での事故がつづき、組体操を禁止する学校がふえてきました。でもそれは、記録をつくろうとむりな高さに挑戦させた先生の思いであって、組体操そのものが悪いのではありません。子供たちのからだに合わせた高さでやれば、組体操は小さなチームでもやりがいのあるスポーツです。

最近の研究では、ゲームの影響もあり、外で遊ぶこともなく十分な運動をしない子供は、心の発達に問題が出るケースがあることがわかってきました。すいみん不足、朝ご飯ぬき、朝ねぼう、夜ふかし、栄養のかたよりとならんで、運動不足も子供の健康に害があるのです。

たとえ運動がにがてでも、元気よく外で遊び、からだを動かしましょう。

## 新しいことは「型」から学びます

能や歌舞伎、狂言といった日本の伝統芸能は、まず「型」を習うところから訓練が始まるといいます。「どうしてそうするのか」といった説明はいっさいなしで、ただひたすら基本の型をおぼえます。受けついでいくマネでもあるのです。

これは茶道や華道、柔道や剣道や弓道でも同じことで、決められた「型」を考えなくてもからだが動くところまで、くりかえし練習します。

これは西洋流の「理由を教えて、なっとくしてから前にすすむ」という教えかたとはまったくちがいます。「それは古いやりかただ」という反発もあるそうです。でも長い年月、いまでもそのやりかたは変わっていません。

なぜかというと、「型」を学ぶのは、短い時間で高度な経験を身につける早道だからです。人間のからだの動きは、小脳という部分が受けもっていますが、小脳にある運動をおぼえさせるには時間がかかります。りくつを考えながらそれをすると、何年もの時間がかかることがあります。しかし、いっさいの考えなしにただひたすら、くりかえし練習をすると、小脳はその運動をおぼえて、自動的にからだが動くようになります。

むかしの日本人は、脳生理学などといった学問は知りませんでしたが、経験だけによってそのことを知っていたのです。

みなさんは「学ぶ」ということばを知っていると思いますが、「まねぶ」からきたことは知っていましたか？　学ぶとは、まねすることなのです。

能や狂言、歌舞伎の世界では、「守」「破」「離」ということばがあります。学び始めた最初が「守」で、ひたすら先生の動きをまねして身につけます。それが修得できたら、つぎは「破」。基本から応用にうつります。少しずつ、学んだ型をやぶってみます。そして最後が「離」で、小脳の記憶をもとに、自分の考えにしたがって独自の型をつくります。

みなさんも、新しい勉強を始めるときには、この「守・破・離」のことを思い出してください。そして、先生が基本の型をくりかえし練習するようにといっても、「つまらない」とか「たいくつだ」とか思わないこと。

どんな世界でも、基本ができていないのに大きな成功をおさめることはありません。生きていくかぎり、勉強はどの年齢になっても必要なことなのです。お父さんもお母さんも、あなたたちが生まれたときから新たな勉強が始まったのです。それを「育児は育自」といっています。

## 暴力をふるってはいけません

どこの学校でも、先生は必ず「暴力をふるってはいけません」といいます。それはなぜでしょう？

答えは、「暴力をゆるしたら、動物の世界になってしまうから」です。

みなさんは「弱肉強食（じゃくにくきょうしょく）」ということばを聞いたことがあると思います。たとえば海のなかで、プランクトンがオキアミに食べられ、オキアミが小魚に食べられ、小魚がより大きな魚に食べられ、それより大きな魚がそれを食べるという関係がありますが、それが弱肉強食（じゃくにくきょうしょく）です。そこには、「かわいそう」とか「話せばわかる」といったことはありません。ただひたすら、強いものが弱いものに勝つという力の世界になっています。

でも、動物も自分の分際（ぶんざい）をおしえられなくても本能で知っていますから、人間のようにきりのないよくぼうはもっていません。

いっぽう、人間の社会はちがいます。まず人間は、自然界でいちばん強い生きものではありません。からだはクジラよりも小さいし、力はクマにかないません。歯はライオンよりも弱いし、チータのほうがずっと速く走れます。

それでも人間が地球でしっかり生きているのは、ひとつには人間は道具を発明し、科学技術でほかの動物にできないことをやってのけたからです。そして、人間は集団行動をじょうずにやることができ、数の力でほかの動物をあっとうしたからです。

　しかし、そういう人間の力を十分に発揮するためには、人間どうしが仲よく集団で生活できていなければなりません。もしも動物と同じように強いものが弱いものを力でしたがえるようになってしまったら、人間社会はだんだんバラバラになっていくでしょう。だから、わたしたちは暴力を「いけないこと」と決めたのです。

　暴力は話し合いで問題が解決できない人のとる手段です。そういう人は、たいていわがままで幼稚です。みんなで暴力をふるう人に注意し、暴力をやめさせなければなりません。

　国と国とがふるう暴力を「戦争」といいます。戦争の小さなものは「紛争」です。いまも世界のどこかで紛争がたえません。とくに宗教のちがいによる紛争は、なかなか解決できない問題です。あきらめることなく世界の国々からも「暴力はいけない」といいつづけることが必要です。

## 人の「個性」を尊重しましょう

「みんながもっている個性をだいじにしましょう」とよくいわれます。でも、なぜ個性をだいじにしなければならないのかは、あまり説明されません。どうして個性をだいじにする必要があるのでしょうか。

個性をだいじにすることは、一人ひとりのちがいを尊重することです。

ほかの人とちがうからといって仲間はずれにしたり、ちがうところを直させようとしたりするのは、その人のよいところを消してしまうことにほかなりません。

人間の社会は、いろいろな人のよいところを集めてなりたっています。むかしは王様が国をおさめていましたが、どんなにすぐれた王様であっても、たったひとりの人間のよいところだけでは、社会をつくることができません。

必ず、その王様の欠点が表に出てしまい、そこから国が弱くなっていきます。ですから、よりよい社会をつくるためには、いろいろな特ちょうをもった人が集まっていることがだいじです。ほかの人とちがう特ちょうをもった人をどんどん集めて、仲間にしていかなければなりません。

むかしから、歴史に残るような大発明や、人びとのくらしを大きく変えるようなことをなしとげた人は、たいていほかの人と大きくちがう個性をもった人でした。「変人」とか「奇人」とよばれていたばあいもあります。ためしに、だれもが知っている歴史上の偉人の伝記を読んでみるといいでしょう。努力家でもあり、ほかの人とちがうところのある人であったことがわかるでしょう。

その時代の人たちは、変わった人をたいせつにしたから、歴史に残る偉大なことがのこされたわけです。みなさんがわかる話ではノーベル賞の受賞者ですね。

これまで、日本の社会では、みんなと同じ意見にしたがうことがよいこと、ほかとちがうことが悪いこととされてきました。でもこれからは、ちがいがわかることがすばらしいと見られるように、みなさん一人ひとりがしっかりした意見をもってほしいのです。

みなさんも、ほかの人とちがうからといって、だれかの特ちょうを笑ったりしないようにしましょう。また、自分の個性をたいせつにして、はずかしがったりしないで、意見をのべるようにしましょう。

## 「いじめ」に加わってはいけません

新聞やテレビのニュースでは、毎日のようにいじめのことが報道されます。せっかく人間として生まれたたいせつないのちを、いじめを苦にして自殺してしまったり、いじめられて学校に行かなくなったりする人がいます。また、いじめた人が反対にみんなにいじめられたりすることもあります。六五頁の「悪口をいわない」でものべました。

どうしていじめはなくならないのでしょうか。いじめを正しいと思っている人なんて、この世にひとりもいないはずです。それなのに、いじめを始める人がいて、いじめに加わる人がいます。だまって見ている人も、いじめに加わっているのと同じです。その人たちは、心が苦しくならないのでしょうか。

じつは、いじめをする人は、こわがりなのです。自分の気持ちがおちつかなくて、それをまぎらわそうと、てきとうな相手を見つけていじめを始めます。たいていは、少しだけほかの人とちがう特ちょうをもっている人をいじめの相手にします。

いじめに加わってしまう人は、ことわったら今度は自分がいじめられるのではないかと思い、こわくていじめに参加してしまいます。自分がやられないからと安心して、ほかの人をいじめます。これこそが悪の連鎖です。

そのまわりには、いじめをはやしたてて観客気取りで見ている人がいます。この人たちは「自分はいじめに加わっていない」と思っているかもしれませんが、まちがいなくいじめの仲間です。さらに、だまって見ている人がいます。あるいは、見ていないけれど、いじめがあるのを知っていて、だまっている人がいます。この人たちは「自分は無関係」と思っているかもしれませんが、やはりいじめの仲間です。

いじめられている人から見れば、これらの人たちはすべて味方ではなく、敵です。

もし味方がいるとすれば、それは積極的にいじめをやめさせようとしている人だけです。もしもそういう人がクラスにいなければ、クラス全部が敵になります。こうなる前に、自殺したくなる気持ちをみんなで助けましょう。親や先生に相談しましょう。

いじめはやられるほうも、やるほうも、とても不幸です。そんな不幸をこの世からなくすために、みなさんは決していじめを始めたり、加わったり、だまって見ていてはいけません。

人間は悪いとわかっていることをしてしまうと、心が暗くよごれていきます。それをくりかえしているうちに、元にもどすことがむずかしいくらい心がゆがんでしまいます。

そうなってしまうことのないように、「自分は決して悪いことをしない」という強い決意をもってください。

## よく遊び、よく学びましょう

むかしの人は、「よく遊び、よく学べ」といいました。遊ぶだけでも、学ぶだけでもダメで、両方をバランスよくやることがたいせつだということを知っていたからです。前のところでも体育のたいせつさにふれましたね。

ただし、ここでいう「遊び」とは、外でからだを動かしてする遊びのことです。ドッジボールでも、おにごっこでも、虫とりでもいいですが、家のなかでゲームをすることではありません。

外でからだを使って思いきり遊ぶと、からだがきたえられるだけでなく、勉強でたまったストレスがなくなります。そして、ご飯がおいしく食べられて、ふとんに入るとぐっすりねむることができます。それは頭とからだにとてもよい影響をあたえます。また、外での遊びは勉強とちがうしげきを脳にあたえるので、脳の成長にも役立ちます。

そうか、外で遊ぶのは頭とからだにいいのかと、遊んでばかりで勉強しないと、脳の、別の部分が成長しません。しっかりと知識をたくわえ、考える力を身につけておかないと、もっとよりよい勉強をするときに、基礎がたりなくて苦労します。

つまり、勉強と遊びは、ご飯とおかずのような関係といえます。両方をバランスよく食べることで、健康が保てるわけです。

よく遊び、よく学んだ人は、ものごとに柔軟に対応できます。外での遊びが瞬間的な判断力を育てるので、りくつだけではない、カンのようなものも身につきます。

そして、よく遊び、よく学んだ人は、アイディアも豊富です。よりおもしろく遊ぶためには、ただ教えられたことをやるだけではなく、自分で考えたことをやってみて、その結果から学ばなければなりません。

最近の子供は外で遊ばなくなりました。校庭は安全なのに、学校で遊んでいれば「もう帰りなさい」といわれ、公園で遊ぶと近所の人から「うるさい」といわれます。道路は車がとおるからあぶないし、安心して遊ぶところがありません。だからゲームばかりするようになるのです。これでは、いくら外で遊べといってもムリです。そのようなことがあったら、親や先生、おとなに伝えてください。

ここ十年くらいで、子供たちの運動量が半分以下になったそうです。おとなたちが子供たちのために、「よく遊び、よく学ぶための場所づくり」を実行しなければなりません。

郵便はがき

恐れ入りますが切手をお貼りください

101-0051

東京都千代田区
神田神保町一の三 冨山房ビル 七階

冨山房インターナショナル
読者カード係行

| お名前 | （　　歳）男・女 | | |
|---|---|---|---|
| ご住所 | 〒<br>TEL： | | |
| ご職業又は学年 | | メールアドレス | |
| ご購入書店名 | 都道府県　市郡区　書店 | ご購入月 | |

★ご記入いただいた個人情報は、弊社の出版情報やお問い合わせの連絡などの目的以外には使用いたしません。

★ご感想を小社の広告物、ホームページなどに掲載させて頂けますでしょうか？

【 はい ・ いいえ ・ 匿名なら可 】

本書をお買い求めになった動機をお教えください。

本書をお読みになったご感想をお書きください。
すべての方にお返事をさしあげることはかないませんが、
著者と小社編集部で大切に読ませていただきます。

# 三　社会

## 人間は集団で生きる生きものです

原始時代、人間たちは集団で狩り(か)をして、自分よりも大きい動物をもとらえ、食べものにしてきました。すでにかんたんな道具をもっていましたが、最大の武器は集団で行動したことと、火を使うこと、そして動物にまさる知恵(ちえ)をもっていたことでした。

それ以来、人間は本能的に集団をつくろうとします。ひとりぼっちでいると、不安でさびしくなり、心が不安定になるように脳(のう)が変わっていきました。反対に、集団のなかにいると満足し、心がおちつきます。つまり、人間は本能的に集団をつくる動物なのです。

イラク戦争のあとで、アメリカ軍がイラクを占領しました。イラクの人たちはアメリカ軍をとりかこみ、いまにも飛びかかりそうになりました。いくら最新の軍備をもっていても、数ではかないません。だれもが、これはたいへんなことになると思ったとたん、アメリカの司令官が兵士たちに「笑え！」と命令しました。

びっくりした兵士たちでしたが、命令どおりにイラクの人たちに笑いかけました。すると、きんちょうしていたイラクの人たちは安心し、誤解がとけたといいます。人間には、ことばをこえてなかよくするための、本能的なしかけがそなわっているのです。

いちばん古い人類は、アフリカで生まれました。そこから歩いて世界中に広がっていったと考えられていますが、やがて人類がふえていくと、世界のあちこちで出会ったことでしょう。もしもそのとき、人類どうしが戦争をしていたら、人類は歴史のどこかで消えていたかもしれません。

いま考えられているのは、原始人たちは身ぶり手ぶりでおたがいの考えを伝え、食べものを分けあってすぐに仲よくなったのだろうということです。そのような、集団で行動し、ほかの集団とすぐに仲よくなる習性が、こんにちの人類のはんえいをうながしたというわけです。

「自分は孤独（こどく）が好きだ」という人も、ほんとうにひとりで生きることはできません。山おくでテント生活をするにしても、だれかがつくったテントで、だれかのつくった道具を使ってくらすわけです。なにもかもひとりでやろうとしたら、ただ食べて生きる毎日で、とてもいそがしいことになるでしょう。

## 一日に何回、「ありがとう」といいますか？

みなさんは「ありがとう」といわれると、どんな気持ちになりますか？　うれしいですか？　心がふわっとあたたかくなりますか？　もっといいことをしようという気になりますか？

そうです。「ありがとう」は魔法（まほう）のことばです。

ではみなさんは、一日に何回くらい「ありがとう」といいますか？

今日、学校では何回いいましたか？

家を出る前に、お父さんやお母さんに「ありがとう」といいましたか？

みなさんのまわりには、たくさんの人がいますね。

その人たちは、あなたにいろいろなことをしてくれています。「ありがとう」といって、その人たちに感謝(かんしゃ)の気持ちを伝えるのは、とてもだいじなことです。

そのうちに、みなさんは気がつきます。
自分の知らないところで、まわりの人がいろいろなことをしてくれていたことを。
すると、相手が目に見えなくても、心があたたかくなり、感謝(かんしゃ)の気持ちを伝えたくなります。

おとしよりが仏壇(ぶつだん)の前で「ありがとうございます。ありがとうございます」と何度もいうのは、目に見えないことに対する感謝(かんしゃ)の気持ちを、この世にいない人たちや世のなかの人たちに伝えているのです。

すなおに「ありがとうございます」といえる人は、心が大きくなります。
世のなかは人と人とが「おたがいさま」で動いているということがわかるからです。

自分のまわりしか見えていない人には、それがわかりません。だから、小さなことで腹を立てたり、くよくよしたりします。

よく、「お金をはらったのだから、お礼をいう必要はない」という人がいますが、そうではありませんね。ものを買うときにお金をはらうのは世のなかのルールですが、大地震や戦争があれば、いくらお金をもっていてもものは買えません。

そういうときにたくさんの人が助けてくれるのは、ふだんから「ありがとう」といっている人です。

## 人にめいわくをかけない

みなさんは「めいわく」ということばを知っていますか？

「めいわく」とは、だれかのしたことで、別の人が不快(ふかい)に思ったり、こまってしまったりすることをいいます。

たとえば公園で仲のいい男の子たちがブランコやシーソーを使って遊んでいるとき、楽しいからとひとりじめしていたら、遊びにきたほかの子供たちはがっかりしますね。

夜おそくに外で大きな声で遊んだら、近くの家でねている人たちが目をさましてしまうでしょう。

みんなが静かに本を読んでいる図書室で話をすれば、まわりの人たちから「シー、静かに」と注意されてしまいますね。

自分ひとりで無人島でくらしているのなら、何をしても人にめいわくをかけることはないでしょう。でも、人間はおたがいに助け合いながらくらしていく生きものです。だから、みんなが気持ちよくすごせるように、すべての人が気くばりをしていかなければなりません。

「人にめいわくをかけない」というのは、そのための基本的な規則です。だからみなさんは学校で、めいわくをかけないための集団での規則を学ぶのです。

でも最近はそれがあまり守られなくなってきました。自分が人にめいわくをかけていることに気づかない子供やおとながふえてきたからです。

混雑した電車のなかで、ヘッドフォンから音がもれているのに気づかない人、時間がもったいないからと電車のなかでお化粧をする女の人、もうひとりすわれるのに座席をつめてすわらない人、携帯電話に熱中し、優先席にすわっていて、おとしよりが乗ってきても席をゆずらない人。ちょっと電車に乗ってみただけで、めいわくがあふれています。

なぜそうなってしまったのでしょうか。

その理由のひとつは、みんながおたがいに注意をはらわなくなったからです。むかしは人にめいわくをかける子供がいたら、それを見たおとなが「そんなことをしてはいけないよ」と注意をしてくれました。悪いことをしていれば、「こらっ！　やめなさい！」とおとしよりなどがしかってくれたものです。でも、いつのまにかそういう習慣はなくなり、よほどのことがなければ知らない人には声をかけない世のなかになってしまいました。

すぐに世のなかの習慣を変えることはかんたんではありません。ですから、一人ひとりが「自分はいま、人にめいわくをかけてはいないか？」と考えるようにすることがたいせつです。そのためには、自分の立場だけでものを考えるのではなく、いろいろな人の立場でものを見るくせをつけなければなりません。

相手の人の気持ちをぜひ考えてみましょう。「自分さえよければいい」という考えかたをする人は、だれからも相手にされなくなります。

## 約束を守る人になりましょう

「約束を守る」というのは世のなかのだいじなルールですが、ではなぜ約束は守らなければならないのでしょうか。

その理由は、いまの社会がみんなが約束を守ることでなりたっているからです。

たとえば電車が時間どおりに動いていなければ、いつ駅に行ったらいいのかわかりません。決められたとおりに電車が動かなければ事故がおきてしまうかもしれません。

「赤信号では止まる」という約束をみんなが守らなければ、道路を安心してわたることができませんし、あちこちで交通事故がおきるでしょう。

「あずかった手紙をちゃんととどける」という約束を郵便局の人が守らなければ、手紙や荷物は自分でとどけなければならなくなります。

それどころか、「お金を信用する」という約束をみんなが守らなくなったら、買い物ができなくなるでしょう。お金が使えなければ、原始時代の物々交換の世のなかになってしまいます。

このように、いまの人間社会はありとあらゆる約束によってできあがっています。だから約束を守らない人は、その世界で生きていくことができません。人から信用されなくなり、だいじな仕事をまかされなくなります。友だちがいなくなり、家族からもこまった人だと思われてしまうでしょう。学校にちこくしたり、友だちとの約束をやぶったりしていると、だれからも相手にされなくなってしまいますよ。

もっとだいじなことがあります。
それは、だれかとの約束を守ることは、自分との約束を守ることでもあるということです。

たとえば先生が「明日までに教科書のこのページをよく読んでおくように」とおっしゃったとします。あなたは「はい、やってきます」と答えました。それはひとつの約束です。

でもあなたはテレビを見てしまい、教科書を読まずにねてしまいました。「ぼくは読むのがうまいから、たぶんうまく読めるだろう」と思ったからです。

翌日、あなたは先生にいわれて、そのページをみんなの前で読みました。少しつっかえましたが、思ったよりもうまく読めました。「なんだ、だいじょうぶじゃないか」とあなたはほっとします。うまく読めたから、約束を守らなくてもよかったと思ったのです。

それでもあなたが約束をやぶったということに変わりはありません。先生も、みんなも気づいていないかもしれませんが、あなたの心はそのことを知っています。あなたがやぶった約束は、あなたの心に対するうらぎりです。別ないいかたをすれば、自分にうそをついたことになります。そういう人は人から信用されません。

約束を守ること。それは自分をたいせつにして生きていくことでもあります。「見つからなければいいだろう」という考えかたは、正しくありません。

## 「礼儀（れいぎ）」はなんのためにあるのでしょう

人に会ったらあいさつをする。目上の人には敬語（けいご）を使う。必要なところではおじぎをする。といったように、社会で生きていくためには、いろいろな場面で「礼儀（れいぎ）」が必要になります。いったいどうして、「礼儀（れいぎ）」というものがあるのでしょう。

見ず知らずの他人に出会ったとき、相手にどのようなたいどをとればいいのか迷（まよ）うはずです。そのときに、自分が知っている方法で相手があいさつしてきたら、ほっと安心して心をひらくことでしょう。「礼儀」とは、知らない人どうしが安心して仲よくなるための決まりごとと考えることができます。

たとえば、アメリカやイギリスなどの英語を話す国では、はじめて会った人に「ハロー」とか「ハーイ」と声をかけてあくしゅをもとめ、「ナイス・トゥー・ミート・ユー（お会いできてうれしいです）」といえば、気持ちのつうじ合う相手だとみとめてもらえます。

日本でも同じように、「こんにちは。はじめまして。わたしは○○ともうします。どうぞよろしく」といえば、変な人とは思われないでしょう。それが礼儀の根本です。

さらにすすんで、ふくざつな人間関係での礼儀になると、もっとややこしくなります。日本語の敬語は、日本人でも完全に使いこなせる人が少ないといわれるほどふくざつですが、そういう敬語を使い、すわる順番やあいさつの順序、おじぎの角度などに気をつかわなければなりません。

でも、めんどうがる必要はありません。完全に礼儀をわきまえていなくても、それでいきなり人間関係がこわれてしまうことはないのですから。礼儀とは、「自分はこういう人間です」と自己紹介するための、ひとつの方法です。なんどもなんどもくりかえしていると、こまやかな礼儀が身について、「ああ、この人はいろいろなことを知っているのだな」と思ってもらえます。はじめはそれがたりなくても、努力している姿はだれにでもわかります。

いまの日本の礼法は、鎌倉時代の武士であった小笠原貞宗の始めた「小笠原流礼法百箇条」が元になっているといいます。この本は、いまのこっているもので「躾」ということばがのっている最も古いものです。

こんにちでは小笠原流は女の人の学ぶものとみられていますが、もともとは鎌倉武士の礼儀だったわけです。男も女も礼儀はたいせつです。

日本の礼儀も、西洋の礼儀も、きちんとできる人の姿はとても美しく見えます。美しくムダのない礼儀作法は、見ているだけでもとても気持ちのよいものです。まねて学びましょう。

## 悪いことをする人がいても、まねしない

学校のなかでも外でも、悪いことをする人が必ずいます。ゴミをゴミ箱にすてずに、そのへんにポイすてしたり、使ったものをかたづけずにそのままにしたり。

もっと悪い人は、平気でうそをついたり、約束を守らなかったりします。

そういう人を見ていると、こんな気持ちになりませんか？

「なんだ。あんな悪いことをしてもおこられないのか。じゃあ、自分もやっても平気かな」

「ちぇっ。いい子でいようとして、努力してたが損した。もういい子でいるのはやめた」

「悪いことをしても、見つからなければいいのかな？」

そういう気持ちになるのはよくわかりますが、悪いことはまねしてはいけません。

「どうして？　見つからなければいいんじゃないの？」

と思うでしょうが、悪いことをすると、必ず見つかります。だれに？　自分自身にです。

また、子供を愛している親は、子供が悪いことをしていたり、うそをついていたりしたとき、顔を見るだけですぐにわかります。

「自分に見つかっても、立たされたり、しかられたりしないじゃないか」というかもしれませんが、自分に見つかると、心がきずつきます。それが、悪いことをした罰(ばつ)です。

悪いことをして心がきずついても、はじめのうちは「なんだ、たいしたことないじゃないか」と思うかもしれません。でも心のきずは、だんだんと気持ちを重く、暗くしていきます。

楽しいことをしても楽しくなく、よろこびたくても、すなおによろこべなくなります。それは、とてもつらいことです。

どんなに楽しそうでも、おもしろそうでも、悪いことはやってはいけません。たとえ仲のよい友だちにさそわれても、「それは悪いことだから、やってはいけないよ」

とはっきりことわりましょう。

そうすれば、友だちを悪の道から助けることができるかもしれません。

いちばんいけないのは、自分でよく考えないで、まわりに流されてしまうことです。

「友だちがやっているのだから、やってもいいだろう」

という考えは、とてもきけんです。


「赤信号、みんなでわたればこわくない」ということばがありますが、みんなでわたっても、赤信号のおうだんは悪いことです。

ゴミをポイすてする人がいたら、近くの人がさっとかたづければいいのです。ちらかっているのに気づいた人がかたづけると、ゴミをすてる人はいなくなります。

## 列をつくる

外国の人が日本にきていちばんおどろくのが、日本人がきちんと列をつくることだそうです。たとえば朝の通勤(つうきん)ラッシュでも、ホームできちんと列をつくり、おりる人がすべておりるまで乗るのをじっと待っています。世界のほかの国では、そういうことがないそうです。日本でも、地域(ちいき)によっては少しちがう行動をしているところもあるようですが。

でも、われ先にドアにかけよっても、おりる人がのこっていたら、こんらんするだけです。おしあいへしあいになってしまい、電車はなかなか発車することができないでしょう。それでは電車がおくれてしまうだけです。きちんと列をつくって乗りこむことが、いちばんいい方法なのです。

また、新しいゲームの発売などでは、熱心なファンが何日も前からお店の前に列をつくります。ここでまた外国の人がおどろくのは、見ず知らずの人が、トイレに行った人の順番をきちんととっておくことです。

また、東日本大震災のときには、被災地の人たちが水や食料がくばられるとき、やはりきちんと列をつくっていました。このニュースは世界中をかけめぐり、「いのちの危険があるのに、日本人とはなんと礼儀正しい人たちなのか」と多くの人たちを感動させました。

これらのニュースは、わたしたち日本人から見れば、さほどおどろくことではありませんが、世界の人たちにはめずらしかったのでしょう。ということは、ずいぶんくずれてきたといわれているものの、まだまだ日本は世界のなかでは礼儀正しい国だということがわかります。

それなら、わたしたちはこれからも礼儀（れいぎ）正しさにみがきをかけ、世界の人びとの見本となるようにするべきです。どんなときにもきちんと列をつくり、わりこみをゆるさず、みんなで公平な社会を守っていくことです。


あるアメリカの遊園地には、こんな看板（かんばん）がありました。

「わりこみをすると、退場させます」

日本ではまず見かけることのない看板（かんばん）でしょう。

そういう国に生まれたことを、誇（ほこ）りに思いたいものです。

あなたもそのひとりなのです。

## 「ほうれんそう」を守りましょう

みなさんは「ほうれんそう」ということばを聞いたことがありますか?

野菜のホウレン草ではありませんよ。

「報告」「連絡」「相談」という三つのだいじなことばから、「ほう」と「れん」と「そう」をとってくっつけたことばです。おもしろいことを考える人がいるものですね。

でもこの「ほうれんそう」、世のなかをうまく動かしていくためには、とてもだいじなことです。

学校もそうですが、みなさんのお父さんがはたらいている会社や、町や市、都道府県の役所、国の政府（せいふ）など、人がおおぜいで力を合わせてしごとをするところでは、「ほうれんそう」がないとこまったことになります。

ものをつくったり、売ったりしているしごとでは、じっさいにつくったり売ったりしている人の報告（ほうこく）が欠かせません。

「材料が足りません」

「機械の調子が悪くて、そのうちこわれそうです」

「いっしょにはたらいている人がなまけているのでこまります」

そういう知らせは、しごとの全体を見ている人にとって、とてもだいじなニュースになります。その知らせを聞いて、すぐに必要な手立てをすることができるからです。

「チョコレートが売り切れました」

「お客さんの話では、テレビでチョコレートがからだにいいといっていたそうです」

「いま学校で、チョコレートを使った手作りお菓子が流行しているそうです」
といった知らせがすぐに報告されれば、たくさんチョコレートを仕入れて売り切れがふせげるかもしれません。

「報告」は下から上へのお知らせです。たとえば学校でいえば、そうじの係が先生に「ほうきがすりきれてしまいました」と報告します。それを聞いた先生が、教頭先生に「新しいほうきを買ってください」といい、下から上へとニュースが流れていきます。

それに対して、横の関係にお知らせすることが「連絡」です。先生たちの職員会議や、子供たちの児童会がそれにあたります。

これも報告と同じようにだいじなことで、連絡が悪いと、ほかの人たちが何をやっているのかがわかりません。同じことをかさねてやってしまったり、いいやりかたがあるのに知らないでムダなことをやってしまったりします。

「運動会のポスターは、うちのクラスでつくります」

と、先生が職員会議で話していれば、ほかのクラスがポスターをつくってしまうことをふせげます。


「相談」は上下関係にかかわりなく、よくわからなこと、うまくいかないことを、いろいろな人に聞いてみることです。いろいろな人に聞くことで、同じような問題にとりくんだ人が見つかるかもしれません。よく知っている人に出会えば、たいへんだと思ったことがかんたんにできてしまうかもしれません。

そして、相談をすることで、いま自分がどんなことでなやんでいるかをみんなに知ってもらうことができます。

「あの人はいま、あの問題でたいへんだから、よけいなたのみごとをするのはやめておこう」と気をつかってくれるかもしれません。

この「ほうれんそう」は、自分の役割をきちんとわかって、それに責任を感じていないといいかげんになってしまいがちです。いいことはすぐ報告しても、悪いことはかくしてしまったり、よそのしごとがうまくいくのがおもしろくないからと、だいじなことを連絡しなかったり。自分がしごとのできない人だと思われたくないと、相談をしない人もでてきます。

近ごろは、大きな会社や役所で、この「ほうれんそう」ができていないための大事件がつづけて起こっています。おとなの人、とくにエリートといわれる人たちは自分をえらく見せたいので、なかなか「ほうれんそう」が守れないのです。

みなさんは、ぜひ子供のうちから「ほうれんそう」をしっかり身につけて、こまったおとなにならないようにしましょう。

## 思いやりの心

「思いやり」ということばがあります。こまっている人をみんなで助けて、町ぐるみで社会を住みやすいところにしようという考えかたです。むかしから日本では、町内会、回覧板などの考えで、助け合うことがひろくおこなわれてきました。


でも最近は少し変わってきています。

「自分がやらなくても、だれかがやるだろう」

「助けても、きっとお礼はしてもらえないから損だ」

「知らない人には、かかわらないほうが安全だ」

などといって、手を出そうとしない人がふえてきたからです。

人間は集団で生きる動物ですから、助け合いがとてもだいじです。たとえば、地震や水害などで被害にあった人がいれば、みんなで助けてあげなければいけません。助けに行けない人は、募金などで協力するべきです。

東日本大震災のときには、おとなりの台湾から二百三十五億円もの寄付がありました。それは国のお金ではなく、おとしよりや子供たちのお年玉だったそうです。なぜ台湾の人びとがそんなに協力をしてくれたかというと、台湾のおとしよりたちが、むかし日本の人が水道をひいたり、かんがい用水をつくったり、鉄道をしいたりしたことをおぼえていて、そのことを子供たちに伝えていたからです。

しかしいまの世のなかはふくざつになっていて、弱い人のふりをして、人をだます悪い人もいます。どこかの国では、助けようとすると仲間がよってきて、服やお金をとられてしまうそうです。そういうことを考えると、うっかり声をかけるのは考えものですね。

ただ、助け合いのない社会は、ぎすぎすしていて、あたたかくありません。きっと、自分はしあわせだと思う人も少ないはずです。

人を助けるのは、見返りのない損(そん)な行動だと考える人がいますが、じつはそんなことはありません。まず、人を助けたことで自分の心があたたかくなります。そして、もしも「ありがとう」とお礼をいわれたら、それにも感動します。それらは、じゅうぶんな見返りといえます。

さらに、人を助けることでいろいろな経験を得ることができます。自分のことだけしか考えていない人よりも、広い見かたができるようになります。つまり、目に見えないお礼をもらっているわけです。

みなさんは、こまっている人がいたら、助けてあげようと思いませんか？

それが思いやりの心です。あなたも、たくさん思いやりの心をおもちですね。

## いばる人になってはいけません

世のなかには「自分は特別」という考えかたの人がいます。お金をたくさんもっているから、会社の社長だから、「自分はほかの人よりもえらい」と考えていばるのでしょう。

「自分は特別だから、いばってもいい。ほかの人の気持ちなんかどうでもいい」と思っているのかもしれません

その姿（すがた）を見て、まわりの人はどう思うでしょうか。「あの人はえらいのだから、とうぜんだ」と思ってもらえるでしょうか。そうではないでしょう。たいていは、「あ

あ、いやな人だ」と思われることでしょう。

地位があるから、お金があるから、自分はえらいといばっている人は、世のなかのひとつの面しか見ていません。ほんとうに尊敬(そんけい)される人というのは、自分から何もいわなくても、まわりの人がほうっておかないものです。自分で自分をほめて、いばりちらす人というのは、長い人生を考えることのできない人なのではないでしょうか。

「みのるほど、こうべをたれる稲穂(いなほ)かな」ということばがあります。秋に見られる黄金色(こがねいろ)のたんぼで、イネの穂(ほ)がたれさがるように、人間も学問や徳(とく)が深まるにつれて、すなおでひかえめになるという意味です。

ほんとうにりっぱな人は、「世のなかに特別な人などいない」ということを知っています。だからいばったりしませんし、この世は「おたがいさま」であることもよく知っています。

「おたがいさま」とは、だれもがいろいろな立場になるという考えかたです。いまお金を持っている人でも、やがてはびんぼうになるかもしれません。いま健康で元気な人も、いつか病気で弱ってしまうかもしれません。

この世に生きる人は、だれでもていどの差はあっても、なにかしらのストレスやたいへんな問題をかかえてくらしています。そしてその問題をのりこえて生きているのです。

そう考えて、おたがいに助け合い、もっているものを分け合おうとする生きかたが、おたがいさまの生きかたです。

みんなが「おたがいさま」と考えれば、世のなかは平和になりますね。

## 人の長所を見る人になりましょう

みなさんは「えくぼさがし」ということばを聞いたことがありますか？
「えくぼ」とは笑ったときにほっぺにできるくぼみのことですが、別にだれかの顔をじっと見ることではありません。人の長所、いいところをさがすことを「えくぼさがし」というのです。

世のなかには文句ばかりいっている人がいます。いつもおこっていて、人のことを「ダメだ、ダメだ」といいます。ひどい人になると、いまここで仲よく話をしていたのに、席を立ったとたんに悪口をいい始めたりします。

人の悪口をよく口にする人は、いろいろな人の欠点を見つけるのが得意です。

「あの人はすぐだいじなことをわすれる」

「あの人はまよってばかりで、なかなかものごとが決められない」

「あの人はいばりたがりやで、人にさしずをしてばかりだ」

といったぐあいです。


でも、そういうたいどは人から好かれません。

「この人は、ぼくの悪口もいっているのではないかな」

とうたがわれてしまうからです。

それに、人の悪口を聞いてばかりいると、いい気持ちはしません。


そういう人には、「短所ばかり見ていないで、いいところをさがそうよ」といってみましょう。どんな人にも短所はありますが、長所もたくさんあるものです。

おもしろいもので、人によっては短所に見えるところが、別の人には長所に見えることがあります。

たとえば、「せっかちだ」と思われている部分が「キビキビしている」と感じられたり、「だらしない」が「のんびりしている」になったり。

たいていの人は、文句をいわれるよりもほめられるほうが好きです。だから、悪口をいうよりも長所をほめてあげるほうが、友だちがたくさんできるでしょう。

もしもだれかに腹（はら）を立てて、ケンカをしそうになったら、その人のいいところをノートにできるだけたくさん書いてみるといいでしょう。長所をならべているうちに、いかりがどこかに飛んでいきますよ。

## 努力をしている人を応援しましょう

「努力すればむくわれる」ということばがありますが、「努力よりも結果がだいじ」という考えかたもよく聞きます。努力はだいじなことなのでしょうか。

努力よりも結果がだいじという考えかたは、最近のものです。「成果主義」という考えかたにもとづくもので、テストでいえば、とちゅうの考えかたは関係なく、答えさえあっていれば点数がもらえるというものです。

それまでの日本の社会は、年功序列といって、お給料は年長者ほど高くなっていました。でも、成果主義ではそうではありません。何ができるか、何をしたかでお給料の額が決まるのです。その結果、若い人のほうがベテランよりも高い給料をもらえる場合が出てきました。

しかし、成果主義が広まったおかげで、努力することをだいじにしない人がふえてきました。ちょっとやってみただけで、できなかったらあきらめる。そして別のことに手を出す。

でもそれでは、苦労してなにかを身につけることはできません。成果主義の人は見落としていますが、ほんとうに自分の血となり肉となるのは、努力の末に手に入れたものだけです。

努力とは、何かをなしとげたいと強く望み、自分をかりたてていっしょうけんめいになることです。努力がむくわれないこともありますが、それでもあきらめずにつづけていれば、いつか手に入れることができるかもしれません。

かんたんに手に入らないものを必死になって追い求めていると、いろいろな雑音が耳に入ってきます。

「むりむり。時間のムダだからやめましょう」

「もともと才能がないのだから、しかたがないよ。もっとかんたんなことに挑戦しようよ」

など。

でも、何もしないであきらめるのはよくありません。どんなことであっても、努力は尊いことです。

「時間のムダ」という人がいますが、決してそんなことはありません。たとえ何も手に入らなかったとしても、「努力をしつづけた」という思い出は残るのです。

だから、努力している人を見たら、応援してあげましょう。

## 「共生」ということばを知っていますか？

むかしの知識では、自然界は弱肉強食の世界で、助け合いをするのは人間だけだと考えられていました。でも、いろいろな研究がすすんだ結果、生物の世界でも助け合いがあることがわかってきました。これを「共生」といいます。「ともに生きる」という意味です。

たとえば熱帯魚の一種であるクマノミという魚は、イソギンチャクのまわりに住んでいます。イソギンチャクには毒があり、ほかの魚はしびれてイソギンチャクに食べられてしまうのですが、クマノミだけはイソギンチャクの毒にやられません。

そのため、弱い魚であるクマノミは、外敵におそれることなく安心していられるわけです。反対に、クマノミはイソギンチャクのゴミを食べて、そうじをしてあげています。

また、マメ科の植物は根に「根粒」という空気中の窒素を取り入れる器官をもっていますが、これは細菌がとりついたものです。植物だけでは利用できない窒素を取り入れてもらうかわりに、植物は細菌にエサとなる炭水化物をあたえています。

このようなことがわかってきてから、人と人との共生、人と自然との共生をまじめに考える人が多くなってきました。自然を敵と考えるのではなく、おたがいに役割を受けもってきずつけ合わずに、ともに生きていこうという考えです。

「共生」の考えかたでは、おたがいの欠点や悪いところを見るのではなく、どうすればおたがいに相手の役に立てるかをさがします。自分ひとりではできないことが、相手がいるとできるようになるという共生が、いちばんいい形です。

最近では、からだの不自由な人やおとしよりなど、どちらかといえば社会の主役ではなかった人たちとの共生も考えられています。ふつうの生活を送るのがむずかしい人たちでも、うまく社会と共生していくことで、得意なことを世のなかの役に立てることができます。それは子供たちについてもいえます。子供たちがおとしよりの話し相手になったりすれば、おとしよりが元気になります。自分たちに何ができるか、みんなで考えてみませんか？

じつは、わたしたちの細胞にあるミトコンドリア(*)や、植物が持っている葉緑素は、もともと別の生物が入りこんで共生するようになったものだということが、最近になってわかってきました。

共生は、地球上の生物にとって、すごく自然なことなのかもしれません。

＊ミトコンドリア　ほとんどすべての生物の細胞のなかにある小さな器官で、大きさは〇・〇〇〇五ミリメートルくらいで、平均では一細胞中に三〇〇～四〇〇個が存在している。生きるために必要なエネルギー物質をつくっている。

# 四　自然

## 動植物の「いのち」のたいせつさ

科学技術が進歩したおかげで、わたしたちは海の底や宇宙に行くことができるようになりました。医学が発達したおかげで、平均寿命もどんどんのびています。

でも、どんなに科学が発達しても、できないことがあります。それは、いのちをつくりだすことです。クローン生物や品種改良で生まれた新しい生物はありますが、それは人間が自然界のいのちに手を加えたもので、ゼロから生みだされたものではありません。

つくりだすことができないのですから、人間はいのちをそまつにしてはいけません。

つくれないものをつくろうとしたり、つくれるものをこわしたりするのは、とても悪いことです。

地球上では、人間がつくりだした食料のうち、半分がすてられていることを知っていますか？　賞味期限（しょうみきげん）切れや、食べ残されたり、買ってくれる人がいなかったりして、つくられた食べものの半分がすてられる。世界のどこかには、食べものがなくて死にそうな思いをしている人たちがいることに関心をもちましょう。

そういった食べもののほとんどが、動物や植物のいのちです。わたしたちは食べものをつくった人の労力をすててしまうだけでなく、食べものになったいのちの半分をすてているのです。

いろいろな本を読んだり、さまざまな人の話を聞いたりして、もっともっと地球上の生物のいのちのたいせつさを知ってください。

## 祈ること

日本人は、はるか太古のむかしから自然とともに生きてきました。自然とたたかい、せいふくしようとするのではなく、自然をうやまい、よりそって生きていこうと考えていました。

その生きかたのなかから、ありとあらゆるものに神さまがいるという考えが生まれ、生活のなかで、太陽が出れば手を合わせ、お月さまに祈り雨がふるように雨ごいをするなど、自然に向かってたくさん祈ることをしてきました。

その日本人のくらしに、時代が流れるにしたがって、日本古来の神道にくわえて、仏教、儒教、道教、キリスト教、イスラム教などの世界の宗教が伝わってきました。

日本のそれぞれの時代の人びとは、それをじょうずに受け入れ、いまにつなげてきています。

人の心はゆらぎやすく、人間ひとりの力ではどうにもならないことがあると、天地自然に祈ってきました。そうすると、心を強くもつことができます。まだ科学知識の少ない時代には、火山の噴火や日食、流れ星、地震や津波、台風などの天変地異は、とてもおそろしいことだったでしょう。

そのとき、人びとは農作物を守るために祈ることをていねいにしてきました。だから祈りは、人間の知恵が生んだ心のささえといえます。

日本古来の神道は、神さまにおねがいするのではなく、感謝の気持ちをささげるものでした。それに対して世界のほかの宗教は、神さまや仏さまにお願いをするものです。そういった外国からの祈りも受け入れて、二千年もつづいているわたしたち日本人の心は、世界中からあつまっている心ともいえます。

そのふるさとをつなげていくこともまた、みなさんの使命であるといえますね。

## 水をたいせつにしましょう

百五十億年前、宇宙ははじめボールくらいの大きさでした。それがビッグバンという大ばくはつをおこします。そこに何千億という星ができ、大宇宙ができました。

古事記のいちばんはじめに「天地初発の時、高天原に成りませる神の名は、天之御中主神」と書いてあります。

いまから四十五億年前に、太陽をまわるいくつかの惑星が誕生しました。そのなかのひとつが地球です。しかし、なぜか地球だけに水ができました。どうしてできたのかは、いまもわかりません。

それから十億年たったいまから三十五億年前に、水のなかに生命が誕生して、生物があらわれました。水というのは、生命を誕生させるすばらしい力をふくんでいます。

あなたは、お母さんのおなかのなかで十月十日（とつきとおか）、羊水（ようすい）という水のなかで成長し、生まれてきたのです。

古事記（こじき）の書かれた時代の日本人の祖先（そせん）は、水の力のすばらしさを知っていたのです。この十月十日（とつきとおか）は、生物学的には三十五億年前からの生物の進化の過程をあらわしているといわれます。ですから、水はとてもたいせつなものです。

その水がいま、世界中でたりなくなっています。

その話を聞くと、「おかしいな。世界の半分以上が海なのに」という人がいますが、海の水は海水で、そのまま飲んだり、農業に使ったりすることができません。海水から塩分をぬいて真水にするためには、たくさんの手間とエネルギーを必要とします。

なぜ水がたりなくなっているかというと、人間がふえつづけているからです。人間がふえると食料や燃料、家を建てるための木材が必要になりますが、そのためには山を切りひらいて田畑をつくり、木を切って材木を切りだし、家を建てる場所を確保しなければなりません。

その結果、山が住宅地になったり、はげ山になったりして水をためる能力が下がります。そのため雨でふった水がすぐに海に流れてしまい、人間が利用しにくくなります。また、井戸が干上がったり、草地が砂漠になったりします。

「水なんて、いざとなったらつくればいい」と思っている人が多いようですが、たとえば空気なかの水蒸気を集めて水をつくるためには、温度を下げなければなりません。それには電気やガスなどのエネルギーが必要ですから、水不足を解消しようとすると、こんどはエネルギー不足になります。

人間はいざとなれば二〜三週間くらい食べなくても生きられますが、水なしでは四、五日で死んでしまいます。水がないと汗が出なくなり、体温が調節できなくなります。体内にたまった毒素をからだの外に出すことができなくなり、血液の流れも悪くなります。そして最後は、全身の機能が障害をおこして死んでしまいます。

それほどたいせつな水なのに、世界では安全な水が得られない人びとが十億人以上もいるといわれています。子供が二十キロもある水がめを背負って、何キロもはなれたところまで水くみに行っているところが、世界にはまだたくさんあるのです。

いま、日本の人たちが世界のあちこちで井戸を掘る運動をしています。つらい思いをしなくても安全に水がえられるようにと、日本人の技術で機械をつかわずに井戸を掘っているのです。それが広まれば、世界の多くで水不足がかいけつするでしょう。

わたしたちは、そのまま飲むことのできる水が蛇口(じゃぐち)からどんどん出てくるくらしをしています。水道の水を飲んでも病気にならない国は、世界でも数少ないのに、「水道の水は飲みたくない」と、ペットボトルの水を買っています。毎日水くみをしている子供が、そんなわたしたちを見たら、どう思うでしょうか。

だからこそ、目に見えない水や空気をたいせつにする習慣(しゅうかん)をつけたいものです。

## エネルギーをつかいすぎてはいけません

ものを動かしたり、光らせたり、あたためたり、音を出したりするためには、エネルギーが必要です。エネルギーには電気、ガス、石油、人間や動物の力、風などがありますが、すべてのエネルギーの大もとは太陽です。

たとえば電気をつくるためには太陽電池パネルをならべたり、石油や石炭をもやしたり、風車をまわしたり、ダムの水力をつかったりします。

石油や石炭は、大むかしの植物が地面のなかで変わってできたものですから、そもそも太陽の光でつくられたものです。

風車を回す風は、太陽の光であたためられた空気が対流をおこしてできます。

ダムの水は、太陽の熱で海の水が蒸発し、それが川上で雨となってふったものです。

そう考えてみると、わたしたちが利用しているエネルギーは、太陽からあたえられたものといえます。

科学が発達して生活が豊かになると、つかうエネルギーがふえます。世界中でつかわれるエネルギーは、四十年で二倍というペースでふえていて、このままいくと太陽から得られるエネルギーだけではたりなくなります。

石油、石炭、天然ガスなど地下にあるエネルギーのもとは、大むかしの太陽エネルギーがたくわえられていたものです。いまのわたしたちは、ご先祖さまの遺産をどんどんつかっているようなものです。それも、あと百年後にはなくなると考えられています。

もうひとつ、エネルギーのつかいすぎには問題があります。エネルギーはつかうと必ず熱を出しますが、その熱がたまって、地球があたたまってしまうからです。地球温暖化という問題は、やがて人間が住めなくなってしまうかもしれないというおそろしい未来をまねきます。すでに、南極の氷がとけてしまうことで海面の高さが上がり、ツバルなどの低い島が海にしずもうとしています。

豊かな生活を送りたい、便利に安全にくらしたいというのはわたしたちの望みですが、それを実現するためにはエネルギーが必要です。でも、エネルギーには限りがあり、エネルギーのつかいすぎはかえって不幸をまねきます。

便利さを追い求めると、逆になります。その結果どんなことがおこるかもよく考えなければなりません。とりかえしのつかないことにならないように、いまからでも間にあいます。みなさん、勉強してこの地球をたすけてください。

## 「リサイクル」の意味を知っていますか？

「リサイクル」ということばをよく聞きますね。でも、どういう意味かをちゃんと説明できますか？

「リ」は「ふたたび」という意味で、「サイクル」は「ぐるぐるまわること」ですから、「リサイクル」は「もういちどまわす」ということから「ふたたび役立てる」という意味のことばとしてつかわれます。すててしまうのではなく、もういちど役立てようということです。

いま、みなさんの町ではゴミをすてるときに「分別収集」ということがおこなわれていますね。「燃えるゴミ」「燃えないゴミ」といったかんたんな分けかたのところもありますし、「プラスチック」「新聞紙」「ダンボール」「ペットボトル」といったように、素材ごとに分別しているところもあります。「燃やすゴミ」と「資源ゴミ」といった分けかたのところもあります。

なぜゴミを分けるかというと、そのほうがリサイクルにつごうがいいからです。リサイクルに力を入れている町のなかには、プラスチックの素材ごとに分別しているところもあります。同じ素材で分けてあれば、とかすだけでつぎの製品に加工できます。たとえば、みなさんが冬に着ているフリースというふわふわしてあたたかい素材は、ペットボトルをとかしてつくられています。

さらにくわしくみてみると、リサイクルにはリデュース（減量）、リユース（再使用）といった仲間があり、リサイクルも「マテリアルリサイクル（素材としての再利用）」と「サーマルリサイクル（熱としての再利用）」のふたつに分けられます。

リデュースはゴミを減らすことです。空き箱をたたんですてたり、生ゴミをかわかしてからすてたりすることで、ゴミの量や重さを減らし、ゴミの処理にかかる負担を軽くします。

リユースはすてないで直したり、きれいにしたりしてつかうことです。古い自転車や古い洋服をほしい人に買ってもらえば、ゴミを出さずにすみます。

マテリアルリサイクルとは、プラスチックや紙、金属といった素材として、ゴミを役立てることです。ペットボトルから洋服をつくったり、紙のゴミからダンボールをつくったりすることをさします。

サーマルリサイクルとは、再利用できなくてゴミとして燃やすしかないものを、燃料として役立てる考えかたです。ゴミを燃やした熱で電気をつくったり、温水プールをあたためたりします。

これからの世のなかは資源がたりなくなっていきます。かしこくリサイクルすることで、豊かな世のなかをつくっていきたいものですね。

もうひとつ、これから考えなければならないのは、日本が四人に一人がおとしよりという社会になることです。いまでもおとしよりのなかには、ペットボトルのキャップや、缶コーヒーのフタがあけられなくてこまっている人がいます。リサイクルしやすい品物をつくるときには、おとしよりがつかいやすい形のものを考えなければなりませんね。

自然によりそい、自然と仲よくしながら二千年もくらしてきた日本のような国は、世界でほかにありません。ものをたいせつにしながら豊（ゆた）かにくらす方法は、わたしたち日本人が世界におしえてあげることができます。ぜひみなさんもおとなになったら、そういう勉強をしてください。

## 「もったいない」という考えかた

ワンガリ・マータイさんという人がいます。ケニア人の女性で、土地の砂漠化（さばくか）を防止するための植林活動により、世界ではじめて、環境（かんきょう）の分野でノーベル平和賞を受賞しました。

この人が二〇〇五年に日本にきたとき、日本人のくらしかたをみて、感動したことがありました。そして、ひとつの日本のことばをおぼえて帰り、世界中に広めました。それは、「もったいない」ということばでした。

マータイさんによれば、「もったいない」のひとことで、リデュース、リユース、リサイクルという環境の三R（どれも英語ではRで始まります）のすべてが説明できるだけでなく、リスペクト（尊敬の念）もあらわすことができます。

マータイさんは「もったいない」を世界共通語にしようと考え、広め始めました。残念ながらマータイさんは二〇一一年にガンのため亡くなってしまいましたが、その思いはブラジルの元環境大臣であったマリナ・シルバさんにひきつがれ、世界的な運動になっています。

もともと、「もったいない」とは「勿体」と書き、仏教のことばでした。おもおもしいという意味で、「ない」がついた「もったいない」は、「ほんとうの価値がみとめられていない」といった意味です。そこから「そまつにあつかわれて、おしい」という気持ちがふくまれるようになり、いまの世界語である「もったいない」に変わっていきました。

ワンガリ・マータイさんが始めた「もったいないキャンペーン」は、国連の婦人地位向上委員会や世界のミュージシャンによるアフリカ救済ライブなどで全世界に発信されました。そのあと、マータイさんはたびたび日本にやってきて、「もったいない全国大会」で講演し、日本人にもあらためて「もったいない」の精神を広めました。その功績により、マータイさんは二〇〇九年に日本政府から勲章を受けています。

いま日本では、「富士山ゴミ拾い大会」「もったいないフリーマーケット」「もったいないショップ」「もったいないキッズフリーマーケット」「もったいないグリーンプロジェクト」「もったいないてづくり市」といった数多くの活動がおこなわれています。日本のひとつのことばが世界中に伝えられ、大きな動きになって日本に帰ってきています。

「もったいない」の発信元の国として、わたしたちは積極的に「もったいない」の精神を高め、広めていく必要があります。

そして、「もったいない」のつぎは、「しつけ」を世界語にする番です。もうすでに、中国、韓国、台湾、モンゴルで広まっています。

## 自然のめぐみと災害

自然はわたしたちにたくさんのめぐみをくれますが、ときには大きな災害をもたらします。「三・一一」のことばで知られる東日本大震災は、死者と行方不明者だけで二万人近い被害を出しました。

地震だけでなく、自然がわたしたちにおそいかかることはたびたびあります。台風、大雨、大雪、洪水、高潮、津波、噴火などです。これらが人びとのくらしを破壊し、被害をだすたびに、人間がいかに弱いものかを思い知らされます。

日本ではむかしから「地震、雷、火事、オヤジ」とこわいものを順番にならべました。お父さんが怒るよりも、自然災害のほうがずっとこわかったわけです。

いくらコンピュータだ、インターネットだとじまんしても、電線がズタズタにされ、電気が止まってしまえば、役に立たなくなってしまいます。りっぱな車をもっていても、道路がつかえなくなれば、宝のもちぐされです。

むかしの人は、いまのわたしたちよりも、ずっと自然にたいして謙虚でした。「自然なんて、自由にできる」などといばったりせず、「自然と仲よくくらしたい」「自然をたいせつにしていきたい」とへりくだっていました。決して、「自然は自由に支配できる」などと思い上がってはいませんでした。

ときどきわたしたちをおそう自然災害は、思い上がって自然をこわしてきたわたしたち人間に対する自然からの罰かもしれません。

「人間にはたいした力はないんだよ。自然をバカにしてあまく見ると、たいへんなことになるよ」

というメッセージが、がけくずれや洪水なのかもしれません。もういちど考えてみませんか?

どんなに人間の技術が進歩しても、完全に自然災害をくいとめることはできません。

でも、みなさんがこの自然災害をむだにせず、研究材料として考え、少しでも早くわかり、くいとめるというより最少の被害にすることをしっかり勉強して、研究してください。

台風の進路をそらすことすらできず、地震がいつおきるかもわからないのが人間の力です。むしろ、「人間にできることなんて、たかがしれている」と考え、自然災害を「必ずおこること」と思って準備をするほうがいいでしょう。

おごり高ぶったりせず、いつもへりくだった姿勢でいる。これは、自然に対してだけでなく、あらゆるものに対してとるべき態度でしょう。

人間の悲劇は、たいてい傲慢さ（おごり高ぶった気持ち）からくるものです。

むかしの人はいいました。

「天災はわすれたころにやってくる」と。

## もっと自然のすばらしさを感じましょう

すばらしいものに囲まれていても、だんだんすばらしさがあたりまえになってしまい、すばらしさを感じられなくなってしまう。これが人間という生きものの習性です。人間の脳は、同じものを見ているとあきてしまうという特ちょうがあります。これは、進歩や成長のためには必要なことですが、たいせつなものを軽く見るようになるという面もあります。

わたしたちが決してわすれてはならないのは、自然のすばらしさです。朝の太陽の光をあびて、緑の風景を見ると、わたしたちの脳は活発に活動します。でもそれを「あたりまえ」と思うようになると、その活動はいきおいをへらしてしまいます。

ところが、いまの子供たちのほとんどが朝日を見ないといいます。人間の脳は朝日を見るとスイッチが入るようになっていますから、これは問題です。

自然のめぐみ、自然のすばらしさは人間の力では生みだせないものです。人間は太陽も、大地も、植物も山も海も、自分の力でつくりだすことができません。もちろん、そこに生きる生物のどれひとつとして、人間がつくれるものはないのです。ただし、人間には自然を守ることができます。自然を守ることのなかには、どんなことがあるか、考えてみましょう。

ハイキングに行って、「やっぱり自然はいいなぁ」というくせに、「もっと便利に車で来たい」と野山をつぶして道路をつくってしまうのが人間です。自然はまだまだたくさんあるから、少しくらいへらしてもいいだろうと考えてしまうのです。

あるいは、「自分だけならいいだろう」と思っているのかもしれません。

でも、失われた自然は完全には元にもどりません。なくなってしまってからではおそいのです。子供からおとなまで、すべての人が、「自然をたいせつにしよう」「自然を守ろう」と思わないと、この地球から人間が快適だと思う自然がどんどんなくなっていきます。

みなさんは、火星や月の写真を見たことがあると思います。どうですか？　すばらしい自然だと思ったでしょうか。宇宙服を着ないと人間が住むことのできない世界。あれが火星や月の自然なのです。

宇宙には無数の星がありますが、人間はまだ地球と同じような自然をもつ星を見つけていません。もしかすると、ひとつもないかもしれません。わたしたちの地球は、それほど貴重なのだということをたいせつに思い、よくかみしめて考えたいものです。

## 目に見えるものと目に見えないもの

この世のなかには大きくわけて二種類のものがあります。それは、「目に見えるもの」と「目に見えないもの」です。

目に見えるものとは、えんぴつや消しゴム、つくえや本のように手でさわれるもの、からだで感じられるもののことです。かんたんにいえば「もの」です。

目に見えないものとは、ことばや気持ち、心のように、あることははっきりしているのに、手ではさわれないもの、形のないもののことです。たましいやお化けもそちらの仲間かもしれません。

むかしの人は、目に見えるものと目に見えないものを同じようにだいじにしました。神さまやご先祖さまをうやまい、お墓まいりをして手を合わせました。神社におまいりにいくと二礼二拍手一礼をして感謝をしました。幽霊や妖怪も「もしかしたら、いるかもしれない」と考えました。

でも、いまの人たちは目に見えないものをだいじにしなくなりました。科学が発達して、形や大きさ、重さを計れるものだけが、「この世にあるもの」と考えられるようになったからです。数字であらわすことのできないものは、「宗教だ」「オカルトだ」と特別な目で見られるようになり、「心がたいせつだ」というと、「では、心を目の前に出してみろ」といいかえします。

そのせいで、あいさつや礼儀がわすれられていきました。多くの家で、「いただきます」といわずに勝手にごはんを食べる習慣がついています。家族のあいだで「おはようございます」「おやすみなさい」という家も少なくなりました。それどころか、

めいめいが自由な時間に行動するので、同じ家にいても家族が顔を合わせないという
こともめずらしくないそうです。

しかし、目に見えるものばかりをだいじにする考えかたでは、決してしあわせにはなれません。なぜなら、いのちは目に見えないものだからです。人間を目に見えるものだけで判断するなら、スタイルがよくて、顔のととのった人がりっぱな人ということになってしまいますが、じっさいはそうではありません。

ぜひみなさんは、「目に見えないものもだいじにする」という考えかたをもってください。そうすれば、きっと心が正しくみがかれ、しあわせな人生を送ることができるでしょう。

これからは毎日、目に見えるものと目に見えないもののちがいを考えるくせをつけましょう。すると、ほんとうにたいせつなものがわかるようになります。

## 宇宙（うちゅう）と人間

みなさんはこれから中学校、高校とすすみ、いろいろな知識（ちしき）を身につけることと思います。たとえば「もの」が分子からできていて、分子は原子からできていることをおそわります。原子には陽子（ようし）と電子と中性子があり、陽子（ようし）と中性子がかたまっているまわりを、電子がとびまわっています。それが、すべてのものの正体であり、宇宙（うちゅう）はその集まりです。

そうした「もの」の世界に生みだされたふしぎなもの。それが「生きもの」です。生きものはみずから行動し、仲間をふやします。これは「もの」だけの世界ではありえないことです。

ではなぜ「生きもの」はできたのでしょうか。その理由はわかっていません。ぐうぜんにぐうぜんがかさなってできた。いまのところ、それがいちばん信じられている考えかたです。

最新の科学研究では、ナノメートルという十億分の一メートルの小さな世界をしらべています。そこでわかったことをつかって、ナノテクノロジーという原子や分子をそうさして、新しい素材や目に見えない大きさの機械をつくる技術（ぎじゅつ）が発達しています。

そのへんのことは、小学生にはむずかしいのですが、ノーベル賞をとったイギリスのハリー・クロトー博士が日本の子供たちのために書いた『ナノってなんなの？ 〜ベンジーとブルーノのぼうけん〜』という絵本があります。学校の図書室で見かけたら、ぜひ読んでみてください。

わたしたちはいまの科学が万能であるかのように考えてしまいがちですが、じっさいは科学でわかっていることは世のなかのごく一部でしかありません。

宇宙のふしぎの前では、わたしたち人間はちっぽけな存在です。そのことをしっかり感じながら、毎日を生きていきましょう。小さいけれど、宇宙でたったひとりのかがやく存在。それがあなたです。

しあわせに生きる

2016年11月3日　第1刷発行

編　者　一般社団法人日本躾の会
発行者　坂本喜杏
発行所　株式会社冨山房インターナショナル
〒101-0051
東京都千代田区神田神保町1-3
TEL 03(3291)2578
FAX 03(3219)4866
URL:www.fuzambo-intl.com
印　刷　株式会社冨山房インターナショナル
製　本　加藤製本株式会社


ISBN978-4-86600-020-6 C8012